ようこそ、マニュアルのない世界へ

特別支援教育奮闘記

元保健体育教諭・元特別支援教諭
原田博子 著

サンルクス

デザイン・イラスト：倉田早由美（サンビジネス）

●はじめに●

はじめまして。原田博子と申します。通常学級、盲学校（現在は特別支援学校・40ページ参照）視覚特別支援学校、弱視学級、そして心障学級（現在は特別支援学級）の現場で38年、教師をしてきました。私は指導すれば伸びていく盲学校、弱視学級、特別支援学級の児童・生徒が大好き。彼らは、学びたがっています。知りたがっています。

巷《ちまた》には、テレビなどにも出演するような高名な教育評論家や研究者が執筆した「子育て」「教育」についてのさまざまな本が出版されています。そんななか、なぜ一教師の私が本を書くことになったのか。それには三つの理由があります。

一つ目は、あまり表立って語られてこなかった特別支援教育（障害児教育）の「現場」を知っていただくため。

二つ目は、どんな子にも「学び」や「気づき」はあるということを知ってほしいということ。

三つ目は、ズバリ言います。日本の教育現場への警鐘です。
ある産婦人科のドクターがこう言いました。「生まれてくる赤ちゃんも私たちも、一人ひとりが奇跡の人なのですよ」と。人が人として生まれてくるのは、たった一つの卵子と多くの精子のなかから選ばれた一つの精子との結合なのです。それこそがまさに「奇跡」！

教師をして分かったことは、健常児、障害児に限らず、みんな奇跡の人だということ。誰ひとり同じ人はいませんが、それぞれ可能性のスイッチを持っています。

本書では、優しくオブラートに包むような物言いはしていません。それでは大切なことが伝わらないと思うから。ちょっと前までは雷親父なんていうのがいました。してはいけないこと、悪いことをすると「コラ！」と叱られたものです。けれど叱ることが「パワハラ」などと言われる時代です。出る杭《くい》は打たれる時代です。そんな時代こそ、叱ってみたいと思います。本気で読者の方と向き合ってみたいと思います。そしてエールを送りたいと思います。

私が述べていることに百パーセント共感していただかなくてもいいのです。「差異」を感じること。それこそが子ども一人ひとりと向き合った時に必要なことです し、それが一人ひとりに合ったオーダーメード教育に繋《つな》がるのですから。ある先生が私の机に紙切れ一枚「先生と呼ばれる以上、寄り添う人でありたい」とメモを置きました。私もそうありたいと思います。これは先生だけに限らず、奇跡の人を育てるすべての方がそうあってほしいと願っています。

本書を読んでくださった方の心のどこかに、何か響いてくれる部分があれば、これ以上の喜びはありません。

もくじ

第1章

体育教師、盲学校の先生になる

▶「通常学級」だけではダメなんだ

▶「二次障害」をつくり出す真犯人

▶子どもたちからの挑戦状

▶イメージネーションで理解が深まる

▶至難の業でも乗り越えられる

▶生きていれば学びは必ずある

▶教え方次第でどんな子どもも伸びていく

▼「通常学級」だけではダメなんだ

世の中は、健常者だけの社会ではありません。教育も「通常の子」「障害のある子」の両方を分け隔てなく理解していないといけない、教育を語るにはいわゆる「通常学級」を知っているだけではダメだという思いをずっと心に抱えていて、実は教師を志した当初から、いつかは障害児教育に進みたいという思いがありました。

通常学級で体育教師をしていた私が、盲学校に赴任したのは教員生活11年目、私の年齢は33歳の時ですが、転機となったのは、あるお母さんの一言でした。

私の息子が保育園に通っていた時のことです。三種混合ワクチン摂取で息子は痙攣《けいれん》を起こして体が硬直したことがありました。すぐに病院に連れて行ったものの、なかなか回復せず長期入院となったのです。その時、息子の隣のベッドにいたのは、寝たきりのお子さんでした。

あれは、ちょうど秋のころ。

「今日ここに来る時に、この葉っぱが落ちていたのよ」

「あの公園の木も、もう真っ赤になったよ」

そのお子さんには反応はありませんでしたが、お母さんは絶えず話しかけています。

たまたま休憩中のお母さんと会った時に、

「話しても分からないのに、どうしていつも話しかけているのですか」

と質問すると、そのお母さんは、

「分からなくても、この子はまだ生きているから。いつか目が覚めた時に、こうして語りかけていることがいきるかもしれない。ただ、それだけなのですよ」

と明るく答えました。

お母さんの明るさと「この子はまだ生きている」という言葉に、私は深い衝撃を受けました。ああ、ムダなことはこの世にないのかもしれない。人と一緒に生きる時、その人のために何かをする時に、無駄なことなんて何一つないのかもしれない――。

自分にも何かできることがあるかもしれないという思いが、込み上げてきました。この出来事が「いつかは障害児教育をやりたい」と、胸に秘めていた私の気持ちに火をつけたのです。

とはいえ、１９８８年ごろは障害児を教えるための免許もなければ、講習すらない時代です。障害児教育に対する熱意だけは人一倍あったものの、聾《ろう》学校に盲学校、養護学校……。私にはそれぞれの学校がどのようなところなのか、よく分かっていませんでした。

実は、私の左耳は聞こえないこともあり、第一希望に聾学校を希望したのですが、その年は聾学校の教員募集はありませんでした。

いま聞けば驚くような話かもしれませんが、よくも悪くも当時は、「いい加減」で穏やかな時代でした。人事の決定権を持っていた校長先生は、

「ほかに教員の空きがあるのは、知的障害児のための養護学校と盲学校しか

ない。どっちにするのか、5分で決めてこい！」

右も左も分からない私は、どちらかに決められません。そんな私の進路は、この校長先生の「じゃあ、盲学校」という一言で決定したのです。

▼「二次障害」をつくり出す真犯人

赴任先の東京都立葛飾盲学校の中学部で最初に疑問に思ったのは、子どもたちが「してもらう」ことが当たり前になっていることでした。例えば、電気コードのプラグをコンセントに差し込む時も、見えないのだから危ないと先生たちが先回りしてやってしまっています。子どもたちもそのことに疑問を持つこともなく当たり前になっていました。

さらには、ほとんどの先生が生徒の手を引いて歩く「手引き歩行」をしています。「あれ、おかしいな」と感じました。障害があるからといって、何でもやってもらっていいのだろうか、と。

そして思ったのです。先生が「してあげる」のがいけないんじゃないか、先生がしてあげることと指導をごっちゃにしているのではないか、と。

みなさんは、盲学校の第一の教育目標をご存じでしょうか。それは「社会に出て、自立した生活ができる人に育てること」です。社会に出て一人で歩けるように、一人で行きたいところに行けるようにする。もしも道に迷ったら人に道を聞けるようにして、自分の家の電話番号や住所、親の名前が言えるようにする。その方法を教えるのが盲学校での「教育」であり「指導」です。

障害があるからといって、何でもやってもらっていては自立することはできません。生活していくために必要なことは誰かに助けてもらうことではなく、できる限り自立することです。自分で歩くということは基本中の基本なのに、多くの子は、手引き歩行ばかり。白杖《はくじょう》をついて自分で歩けるような練習をしないでどうするのでしょう。コンセントを触ると感電の危険があるのなら、理科の授業でプラグとコンセントの仕組みを教えればいいのです。

「やってあげる」は障害児と接する先生、保護者がもっとも陥りがちな罠《わな》で

す。でもこれって障害児だけでなく、いまの子どもたちへの社会の接し方全般に言えることだと思いませんか。大人たちが先回りして、困ったこと、危ないことが起こらないようにしてしまっている場面を目にしたことがあるでしょう。

でもそれが子どもたちにとっての、さらなる障害になります。私はあえて「二次障害」と言っています。ここで指している「二次障害」を少し説明しますと、もともと持っている障害が周囲の間違った対応や無理解によって、さらに悪い状況になってしまうことです。つまり、親や先生が「危なっかしいからやってあげよう」と先回りしてやってあげていては、子どもたちを真に自立した子に育てることはできないのです。あれこれやってあげることが、子どものためになるというのは大間違い。まったく子どものためにはなっていないことが多々あります。これは、障害児だけに限らず、子育て全般に当てはまることですが、気づいていない保護者がけっこう多いのです。

そんな二次障害に疑問を抱き、意気込んだものの、最初は職員室での風当たりも強く簡単ではありませんでした。障害児の教育現場にどっぷりと浸《つ》かった盲学校の先生たちにとって、通常学校から異動してきた私は、まるで異分子だったのでしょう。しかし、この状況に疑問を感じていたのは私ひとりではなかったのです。同時期に、やはり通常学校から異動してた先生も同じ気持ちだったのです。「二次障害に陥っているその状況をぶっ壊そう！」と思った私は、やったことがないと尻込みする子どもたちに対して「ならやってみろ！」と言いました。叱るところはきちんと叱る、怖い先生で上等じゃないか、という気持ちでした。

　これまで盲学校では、それぞれの生徒によってバラバラで、中学の義務教育の9教科をすべて教えることはしていませんでした。いざ社会に出た時に数学も音楽も理科も社会も技術・家庭科も保健体育も程度の差こそあれ、生きていくためには不要ということは決してありません。むしろ学ぶことでどれだけ生活を助け、豊かな人生を送れるか……。なぜそれを教えてこなかったのでしょう。そこで私たちは「どの子にも9教科を教える」ということを目標にし、できるだけ一人ひとりに合うように教材を手作りしました。

当時は、弱視で墨字（点字に対し普通に書いたり印刷したりした文字のこと）をなんとか読める子と、全盲のため点字しか読めない子が一緒に授業をしていました。この場合、教科書の墨字を、そのまま点訳しただけでよしというわけにはいきません。

数学の図表や社会科の地図も点字用に書き換えなければ、全盲の子には理解できないからです。例えば、数学の図のx軸とy軸を凧糸《たこいと》で十字にして作ったり、社会の地図もそのままでは海と陸の境目が分からないので、境界線の部分に凧糸をボンドで貼り付けて、区別できるようにしました。手間はかかりましたが、できる限り工夫を凝らしました（20ページ）。

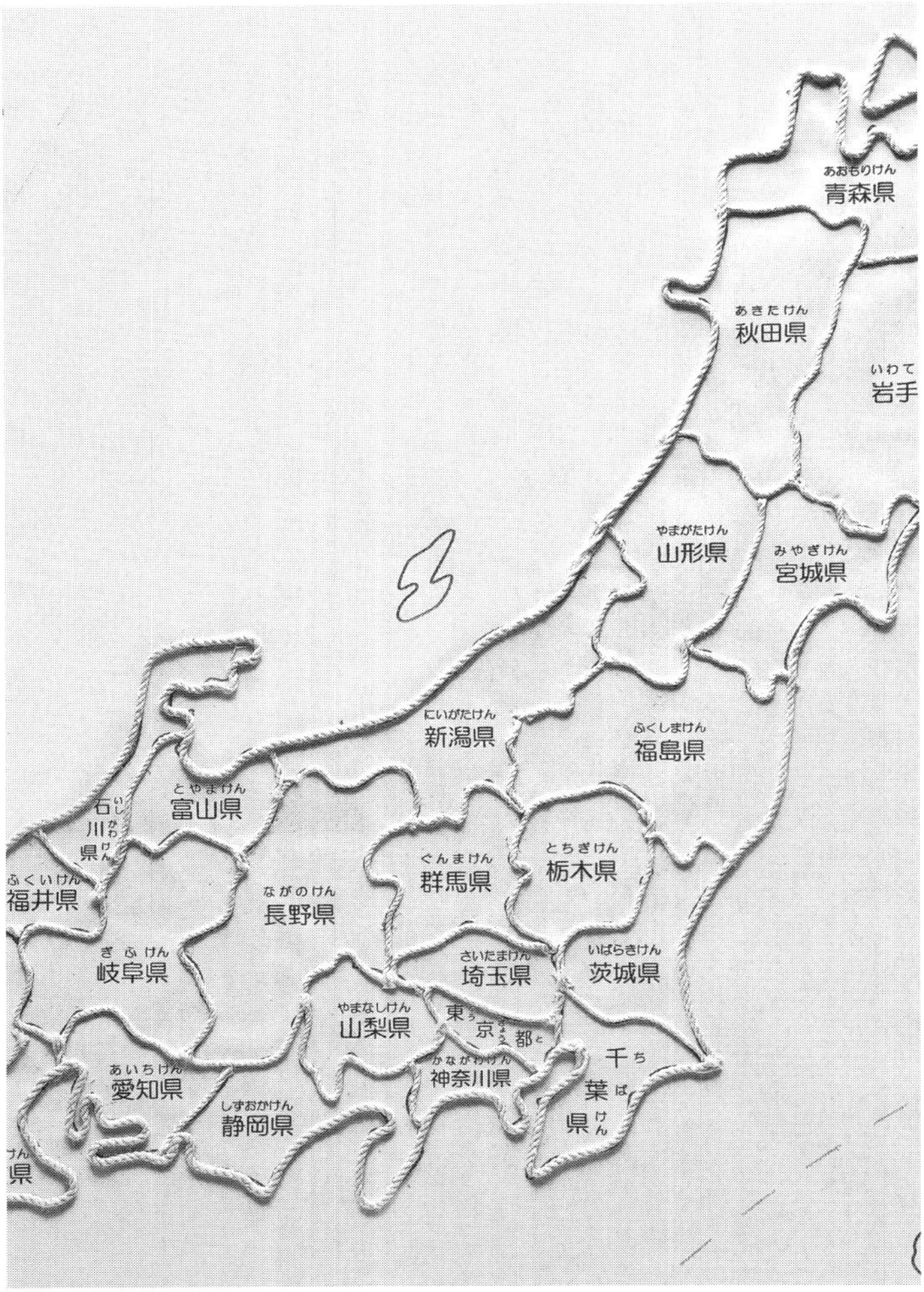

視覚障害者が指でなぞって地域の判別ができるように手作りした教材

▼子どもたちからの挑戦状

盲学校に異動して数カ月が経ったころ、生徒たちが「5」「1・3・6」「1・6」と数字で会話をしていました。

私の横を通り過ぎる時、

「先生、点字苦手だから、何を言ってるのか分からないでしょ！　いまのはバカって言ったんだよ」

と、全盲生も弱視生もゲラゲラ笑いながら、その意味を教えてくれました。まだ点字表記表に頼らなければ、生徒の書いた点字を読み取ることに時間のかかっていた私への挑戦状でした。

正直、バカにしているのかとムカつきましたが、はっと気づかされました。そう言えば、点字の基とされているのは、軍隊用の通信暗号や速記符号として考案されたものです。触ることで暗闇のなかで読める、しかも敵に奪われても一般の文字ではないので読まれないということで、暗号文字としてナポレオンの時代の戦争中に使われはじめたことを思い出したのです。

「なるほど、さっきの数字は点字を基にした暗号なのだ」と納得させられました。全盲生のなかには、「盲学校の先生なのに点字がスラスラ読めないのに先生面するな！」と思っていた生徒がいたのでしょう。それが通りすがりに点字で会話をしながら「先生、点字を早く覚えたほうがいいよ」と教えてくれたのだと思います。

最も衝撃を受けたのは体育の授業の時でした。そのころの体育教員は私より1年先に異動してきた男性教員と私の二人で、お互いに障害児体育のノウハウも知らないまま、通常の体育で行っている単元をどうこなすかに囚《とら》われ、悪戦苦闘の毎日でした。

そもそも視覚障害者は、あまり体を動かす経験がないのですが、全盲の子はもちろん、弱視の子もいままで一人で走った経験がなかったのです。これは、本人たちが「どのみち運動なんてできない」と思ってしまう場合もありますが、学校が教えないということも大きいのです。普段から体を動かさないわけですから、体の可動範囲がすごく狭く、動きがギクシャクしてしまいます。なかでも視覚障害者の場合、言葉の意味を理解し、その次の動作を想像できないと動きにつなげられないので、一連の動作がゆっくりになります。そのために一般の人の目に「やることが遅い」とか「動きがにぶい」と映ることもあるのです。

私は体育教師ですが、走ったことのない子どもたちに走るということを教える、という経験はこれまでにしたことがありませんでした。さて、どうしよう……。試行錯誤の始まりです。

五十音

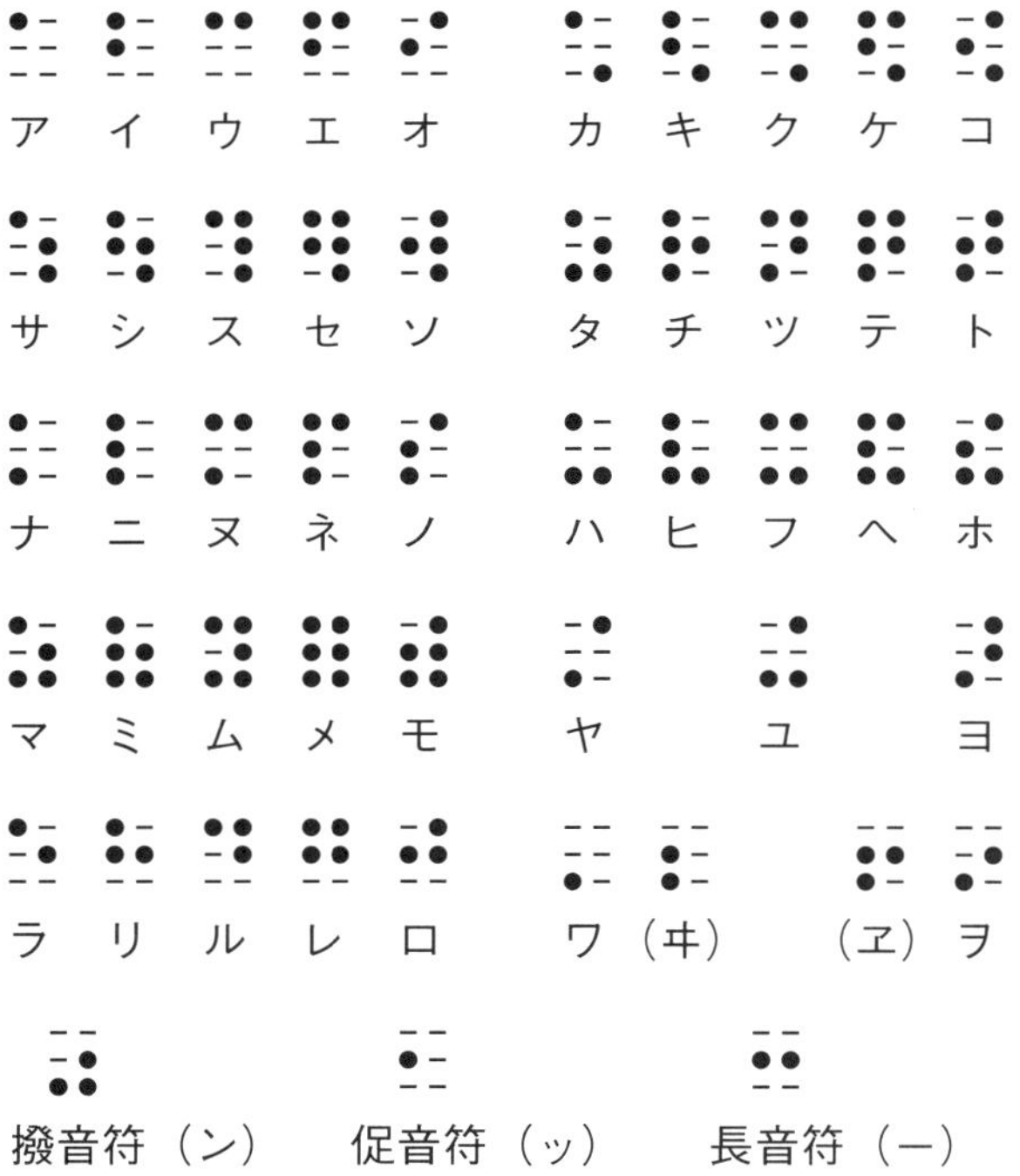

晴眼者（視覚障害のない人）が点字学習する時に使用する基本的点字表記

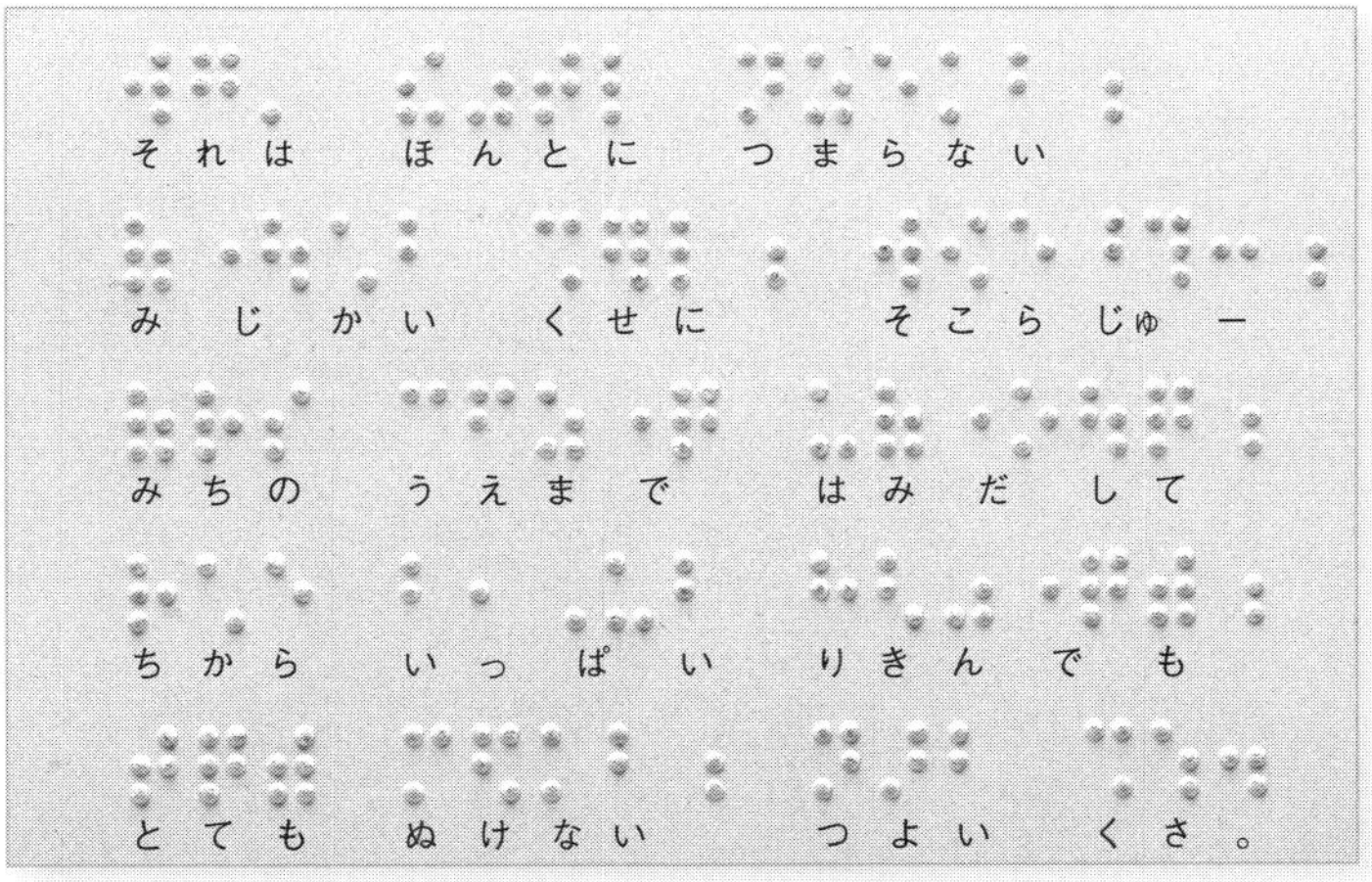

凸点字　読む時用。左から読んでいく。「⠆」は行替えや区切りの意味

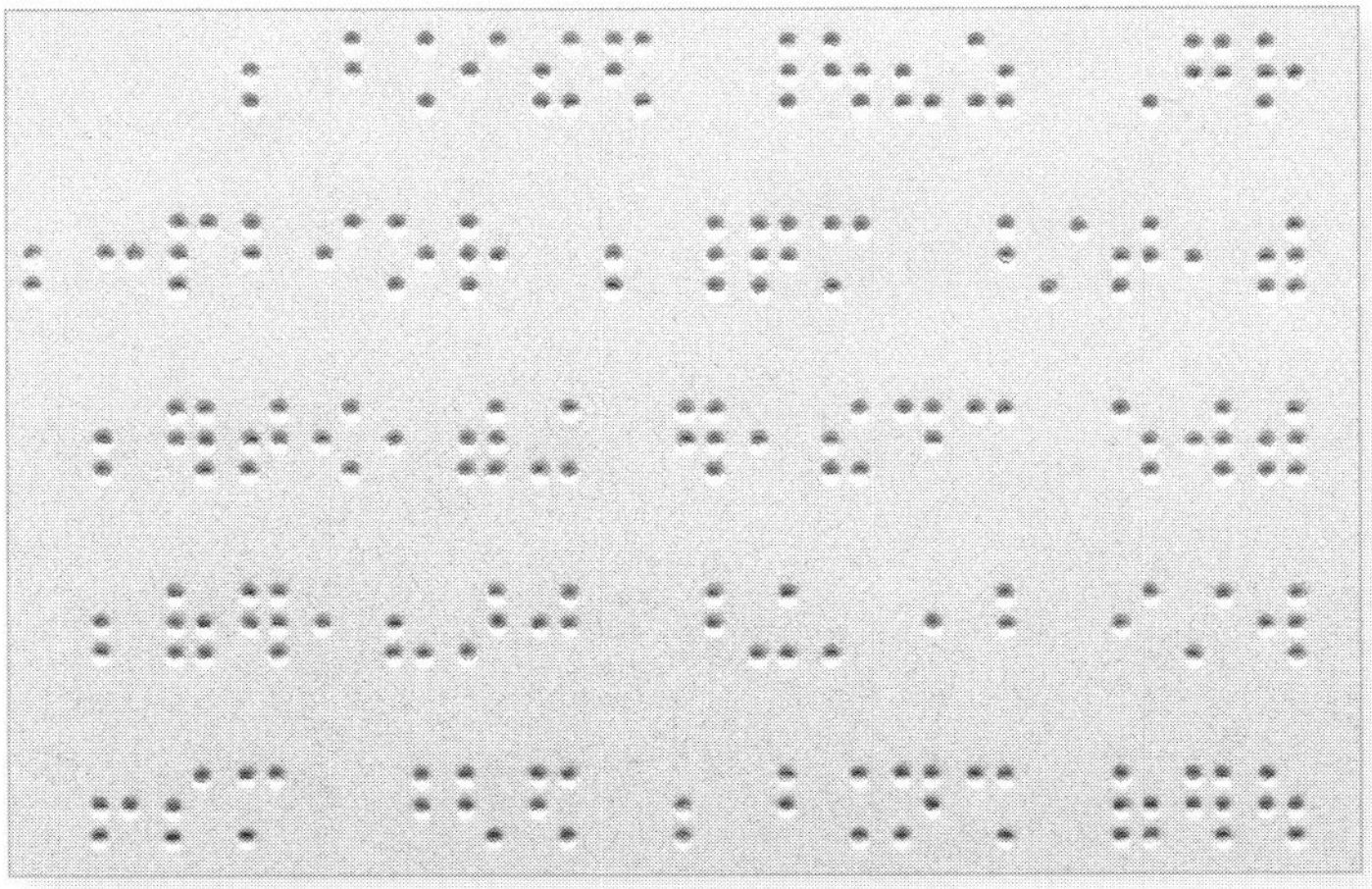

凹点字　書く時は読む時のために右から点字を打つ

▼イマジネーションで理解が深まる

まずは「走る時には肘《ひじ》を直角にして、腕を前に出して」と言いました。しかし動きがボクシングのパンチをする時の腕の動作のようになってしまいます。人間の情報源は87％が視覚からと言われています。いかに自分がこれまで視覚に甘えて授業をしてきたか、言葉で物事を正しく伝えるのが、どれほど難しいかが分かってショックでした。

彼らは体の部位の名前を正しく理解していませんでした。言葉の意味を勘違いしていることも多いのです。ある時の授業中の出来事です。

「みんなは、来年から高等部に行きますよね？　高等部って知ってる？」

と聞くと、

「はーい」

と言って頭の後ろ、つまり〝後頭部〟に自分の手を持っていったのです。ウケを狙っているように感じるかもしれませんが、事実なのです。触覚で言葉

と概念を確認していくため視覚障害者の語彙《ごい》は少なくなりがちです。そういう意味でも視覚障害者は経験したことしか分かりませんから、生徒たちには「言葉は大切なんだよ」と言ってきました。

決定的だったのは、うさぎ跳びでした。「膝《ひざ》を曲げて、うさぎ跳びをして」と言った時、肘を曲げてその場で上下に跳び上がる子たちがいたのです。

「そうか〝膝〟も〝肘〟も分からないのか!」。

そもそも「うさぎ跳びが前に跳びながら進む、という動きが分からないんだ」とハッとしました。

そこで、体の部位の名前を正しく教える遊びをすることから始めました。まず、グラウンドにボールを置きます。そして「肘」「鼻」「肘」と言ったら、その部位に置いてあるボールをつけるのです。部位と動作の意味が分かると、動きに変化が見られました。

先天的に見えない子は、イマジネーションのなかで生きています。自分の頭のなかにどれだけの情報があるかで、イメージの広がる幅が違い、できる行動も違ってくるのです。だから教える時には、その子のなかにどれだけの情報があるのかをまず知ることが大事です。とにかくやらせてみて、「どこが分からないのか」「どこまで分かるのか」を生徒から教わりながら、教え方・伝え方を考えていきました。

一人で走るのは、特に全盲の子にとって怖いことです。動いたその先に何があるのか、横に何があるのか分からない。人間の本能で、顔をかばいながら歩くのですから、だから動く時は必ずうつむき加減になります。彼らにとって一人で走り出すという動きは、かなりきついことだと思いますから、走る動作そのものは弱視の子でも全盲の子でも、本能である程度は持っているものです。そこで、走る練習をした彼らに「一人で走りたい？」と聞くと、みんな「走りたい」と言います。彼らも手を引いてもらうばかりではなくて「一人で走ってみたかった」のです。

この時は本当に生徒たちに協力してもらいました。なかでも苦労したのは、両手を地面につき「位置について、ヨーイ、スタート！」で走り出すクラウチングスタートでした。弱視の子と全盲の子に二人一組になってもらい、私はゴール側に立って手を叩《たた》き、走る距離や方向を教えます。そして「ヨーイ、スタート」の合図で、弱視の子が全盲の子のお尻を「ポーン！」と叩くのです。すると全盲の子が「はっ！」として、前に踏み出します。こうして彼らは生まれて初めて、自分で前に飛び出せたのです。

走り終わったその子は、ビービー泣いていました。ほかの先生から、

「原田先生に叱られたの？」

と聞かれたそうですが、

「ちがう。やり方を教えてもらって、友だちにも助けてもらって、自分でできたことが嬉《うれ》しかったんだ」

と話したそうです。協力をお願いした子どもたちも「先生がまさかこういうふうに、自分たちを頼ってくるとは思わなかった」と言っていました。いままで手を引かれているだけだった子どもたちに、変化が現れてきたのです。

▼至難の業でも乗り越えられる

そんななか、体操領域の跳び箱で視覚障害児を跳ばすということに挑戦しました。

いままで一度も跳んだことのない生徒を相手に、ロイター板（踏み切り板）の距離までをどう教えるか。ロイター板と跳び箱の距離感覚をどう教えるか。空間姿勢をどうするか。着地をどうするかなど、とても通常学級から来た教員だけでは手に余る単元でした。

弱視生には見える範囲を個々に聞き、跳び箱との距離感覚を教えました。全盲生にはロイター板までの距離を何度も走ってみて自分の歩幅と歩数を繰り返し覚えるという方法です。

次にロイター板で何度もジャンプし、自分の身体が浮くという感覚を体感させます。手と跳び箱のヘッドとの空間・距離感覚を身体で覚えて、跳び箱のヘッドに乗るということを楽しみました。

楽しむまでには全盲生のみならず、生徒とのバトルです。

「見えないのに何でこんなことやらせるんだ」

「跳び箱跳べたって自分たちの役には何にも立たない。何のためにやるんだ」

など、毎時間喧嘩腰《けんかごし》の授業でした。それを繰り返すうちにロイター板の踏み位置が分かり、跳び箱のヘッドに自分から手がつけるようになりました。

それからです。生徒たちから教え方を工夫するアイデアやアドバイスが、口から身体から溢《あふ》れ出てきたのです。

「ヘッドへ手をつく所には、細い紐《ひも》を張ることで分かるようにしてみれば……」

「セーフティーマットを2枚重ねて減らしていけば……」

「ロイター板の先に鈴を付けると音で踏み込むタイミングが分かりやすいんじゃないかな……」

自分たちが不安を感じないで楽しく安心してできる方法を次々と提案してくれました。まさしく当事者体験です。

もちろん誰もがスムーズに跳び箱を跳べたわけではありません。でも私はあえて「やれ」って言いました。「やらなければ、分からない」と。

何度失敗しても「やらなければ、分からない」と言い続けました。もちろん不必要な痛みなどはないように配慮しながら、です。生徒たちは最終的に私たちのサポートで、お尻が跳び箱のヘッドの先のほうについてはしまうものの、跳び箱を跳び越えるところまでいったのです。こうなると「よっしゃ！」となるのですね。

やってできないことは仕方ない。やって失敗するならいい。でも「やりたくない」はダメだし、「できないだろう」「危ないから」とトライさせないのは絶対にダメだと私は思います。

そして「やりたくない」をうまくのせるのは、教員の力量です。教員というのは、ある部分「話芸だ」と思う時があります。どうやってその子をのせて、やる気にさせるか。時にはわざと叱ることもあるし、はったりを利かせることもある。「いい嘘《うそ》」をついてうまくだますこともあります。それができるようになれば一人前だと思います。

▼生きていれば学びは必ずある

盲学校赴任当時の私は、右も左も分からないなかで教えることの難しさに加え、点字も苦手でした。授業中も子どもたちは読むのが速いのに、私は全然ついていけないという有り様。私が読むのに20分かかるとしたら、子どもたちは3分もかからずに読んでしまうのです。そんなわけで、盲学校での教師生活が順調かといえば、まったくもってそうではなく、本音では盲学校に赴任して一年目から「異動願いを出す」と決めていたほどです。

ところが、そんな私を本格的に障害児教育にのめり込ませたのは、ジュンちゃんという重複障害児との出会いでした。ジュンちゃんは、3歳になる前日に高熱を出してから、言葉を失い、体温調節も排泄《はいせつ》もできなくなり、ついには目も見えなくなってしまいました。

ジュンちゃんが中学3年生の時に担任になり、移動教室で伊豆の石廊崎《いろうざき》に行った時のことです。6月のジトッと蒸し暑いなかを歩いたので、障害のために体温調節ができない彼女は帰り道で不機嫌になり、「ウーッ、ウーッ」とうめき声を上げながら、脱げないように縛ってある靴を力任せに放り投げ、着ている服を噛《か》み切り始めました。その時、すれ違った団体のおばさん集団の一人が、私をお母さんだと思ったのでしょう。聞こえよがしに言ったのです。

「親だったらもっと厳しくしつけられないのかしらね！　周りの迷惑考えて、こんな場所に連れて来なけりゃいいじゃない」

この時、私は教師生活で初めて泣きました。生徒のために何もしてあげられない情けなさ。彼女がここまで生きてきた過程を知りもせず、自分の思いだけを浴びせたおばさんの言葉に、悔しさが込み上げてきたのです。このことをジュンちゃんのお母さんに報告した時、お母さんはハハハと笑って言いました。

「夏休みとかに旅行に行くのはいいのだけれど、同じ宿に連泊できないのよ。

別に宿の人が何か言うわけではないのだけど、気兼ねしちゃって、疲れちゃうの。この気持ち、分かってくれっていうのが無理。こんな気持ち分からないほうが幸せよ。我が家だけでいいのよ、こんな思いをするの」

この話をさりげなく話せるようになるのに、お母さんにはどれだけの時間がかかったんだろう。お母さんはどれだけ自分を責めたのだろう、と胸が詰まりました。

お母さんはジュンちゃんの障害が分かった時に、

「現実を受け入れるまでの1年半、誰とも会いたくない、話したくない、この子と死んでしまおうと何度思ったことか」。

でも何事もなかったかのように、明るく話してくれました。その時私のなかに、彼女の言葉の内にある「親の気持ち」がスーッと浸透したのだと思います。

望むと望まざるとにかかわらず受け入れなければならない我が子。受け入れたならば覚悟を決めて、その子と歩み出さねばならない現実。言葉が出ないなか、自分の気持ちを表す手段として、髪を掻《か》きむしり、頭突きをし、唯一自由に使える手足で蹴ったり、服を引きちぎったりする我が子と、どう向き合いながらお母さんは生きてきたのだろう。その思いを汲《く》んで、自分は指導ができていたのだろうか。ジュンちゃんとお母さんに出会って、私のなかに「先生」という仕事への課題が山積みにされました。

それから私は学校で、絶えず「ジュンちゃん」「ジュンちゃん」と、話しかけるようになりました。反応がなくても「ジュンちゃん、これやるよ」「ジュンちゃん、こうだよ」と。そうしたらある時、彼女がふっと「ジュンちゃん」と言葉を発したのです。「ああ、ジュンちゃんは喋《しゃべ》れる!」と思った瞬間でした。

それからジュンちゃんは、歌も歌うようになりました。決して上手とは言えないけれど、それはそれは一生懸命に歌うのです。特に「フニフニ・フニクリ・フニクラ」が好きでした。語感が面白いのでしょう。次第に「フニフニ」と言ったりするようになってきました。そこで、フニなんて言いにくい言葉を言えるのだから「じゃあ、もっと言えるよね」と「ドア」とか「閉める」と

か、具体的な言葉も教えていったら、だんだん言葉と動作が一致するようになってきたのです。

「すごい。生きていれば、必ず学びはある」

私はそのことをジュンちゃんに教わったのです。

▼教え方次第でどんな子どもも伸びていく

ジュンちゃんとの出会いから障害児教育に「よし、やろう!」という覚悟ができ、1年で辞めようと思っていた葛飾盲学校で11年間も教壇に立ちました。単純にハマったということも大きいのですが、何よりもここの子どもたちには学ぶ意欲がありました。彼らはやればできるし、教え方次第でものすごく伸びていく。その可能性を、健常者の子どもたちよりも感じたのです。

例えば、彼らの聴覚は非常に敏感です。ある時、私が小銭を落としたら全盲の子が「先生、50円落ちましたよ」と言うのです。彼らは床に落ちた1円玉、

10円玉、50円玉の音で違いが分かるのです。

ある男の子は、曲を一回聴いただけでその音をそのまま憶《おぼ》えて、ピアノで弾くことができました。本当にすごいなと感心しました。

知的障害者や発達障害者のなかには、ごく特定の分野で優れた能力を発揮する人がいます。この症状はサヴァン症候群と呼ばれていますが、映画『レインマン』でダスティン・ホフマンが演じたレイモンドや、画家の山下清さん、作家の大江健三郎さんのご長男の大江光さんなどもサヴァン症候群だと言われています。

私が担任した生徒にも、「何年の何月何日にやっていたテレビ番組は何?」と聞くと、ぱっと答えられる知的障害児がいました。お母さんは「こんなことができても、何の役にも立たないわよね」と言っていましたが、素晴らしい能力ですよね。そうした能力をしっかり褒めてあげる、リアクションを大きくすることは、子どもたちの自信にも繋がります。

ただし、学校という場では、それだけできればいいというわけではありません。「音楽を聴いていればおとなしくしているから」と、先生が授業中に曲を聞かせているだけでは社会で生きていけるスキルを身につけることはできません。例えば「これが終わったら、好きなことをしていいよ」と条件をつけて、別のことにも集中させるようにします。

何か得意なことがあれば、やがて社会に出た時にも、それを生かして仕事ができるかもしれない。ただし、その場合、それだけしかやらない子、できない子になってしまう可能性もあります。その子を自分の得意な「窓」から、少し外に出してやる。それも教育の役割だと思います。

教えて！原田先生 1

Q

特別支援学校や特別支援学級ってどんなところですか。

A

２００７年の学校教育法改正に伴い、盲学校・聾学校・養護学校は統合されて特別支援学校になりました。この特別支援学校は各都道府県に設置することが義務付けられていますが、障害の種別ごとに置かれる特別支援学級は地方によってさまざまな呼び方があります。支援が必要な児童・生徒がその地区に出た場合、学区域の小・中学校に開級するという流れです。健常者の通う学校に開級するため、一般の社会生活との分断が起こりにくいという利点はありますが、障害者に対するノウハウを全く知らない先生が赴任することが多いのも特徴です。その児童・生徒が卒業、または、盲学校に行ってしまえば閉級となってしまいます。

全国にどのくらいの学校があるのか、どんな教育が行われているのか、ここでご紹介していきたいと思います。

◎特別支援学校（視覚障害）の教育

幼稚部　遊びやさまざまな体験活動を通して物の触り方や見分け方が上手にできるように援助しています。また、3歳未満の乳幼児やその保護者への教育相談も行っています。

小・中学部　小・中学校と同じ教科等を視覚障害に配慮しながら学習します。見えない子どもたちへは、よく触って物の形や大きさなどを理解したり、音やにおいなども手がかりとして周りの様子を予測したり確かめたりする学習や点字の読み書きなどの学習をします。また、白杖を使って歩く力やコンピュータなどでさまざまな情報を得る力を身に付けています。

弱視の子どもたちには、見え方の状態に合わせて拡大したり、白黒反転したりした教材を用意して学習します。また、視覚を最大限活用し、見やすい環境のもとで、事物をしっかりと確かめる学習を行ったり、弱視レンズの使用やコンピュータ操作の習得も行っています。

高等部　普通科の教育のほか、按摩《あんま》・マッサージ・指圧師、鍼《はり》師、灸《きゅう》師、理学療法士などの国家資格の取得を目指した職業教育を行います。

教えて！原田先生 1

◎特別支援学級

小・中学校に障害の種別ごとに置かれる少人数の学級（8人を上限）。知的障害、肢体不自由、病弱・身体虚弱、弱視、難聴、言語障害、自閉症・情緒障害の学級があります。第2章の江戸川区立松江第一中学校の弱視学級および特別支援学級（知的障害）は、これにあたります。

◎弱視通級指導教室の教育

拡大文字教材、テレビ画面に文字などを大きく映して見る機器、照明の調節など、一人ひとりの見え方に適した教材・教具や学習環境を工夫して指導しています。各教科、道徳、特別活動のほか、弱視レンズの活用や視覚によってものを認識する力を高める指導などを行っています。

特別支援学校（国・公・私立）

視覚障害	85校
聴覚障害	118校
知的障害	725校
肢体不自由	340校
病弱	145校

（2014年5月1日現在）

http://www.mext.go.jp/a_menu/shotou/tokubetu/002.htm

第2章

弱視学級奮闘記

▼いざ開級！

1997年、東京都の中学校で3校目の弱視学級が江戸川区立松江第一中学校に開級することになりました。最初の担任として、通常の学校と盲学校での視覚障害教育の経験のある私が赴任することになりました。視覚障害教育の経験といっても通級の弱視学級の経験はありません。学級運営をどうしたら良いかまったく分からないまま、男子生徒1名、担任1名からのスタートでした。

管理職を含め、通常クラスの先生方が弱視学級をどの程度理解しているのか、受け入れる1年の学年や学級はどう考えているのか、弱視生徒が入る学級の生徒や保護者はどう受け止めるのかなど、弱視学級を新たに開級するということは、不安材料だらけ、未知の世界です。

そのためこれまで弱視学級へ通う多くの場合は、学区域の小・中学校に籍を置き、そこから弱視学級へ週に何日か通うという通級制度が一般的でした

が、弱視学級を開級するに当たり、弱視生徒の在籍は松江第一中学校に置き、弱視という障害を授業や行事、日常の学校生活を通して理解してもらうことがベストと考えました。区教委と相談のうえ、スタートに当たり弱視学級の生徒の在籍は、松江第一中学校に置くことを第一条件としたのです。

▼盲学校にはなかった「見えない壁」

設備面を見ても同様で、弱視学級の教室とは名ばかり。弱視生が読書をするために必要な拡大読書器やルーペもなければ、点字教科書や補助教材などを広げて置くには大きめの机が必要なのですが、あるのは通常サイズの机だけです。驚いたことに、カーテンさえついていないのです。弱視の子にとっては、採光は非常に重要で、明るすぎると見えない子もいるし、明るくないと見えない子もいます。普通のカーテンだと絡まってしまうこともありますから、採光の微調整ができるブラインドを採用してもらいましたが、拡大読書器については高額なため、年度内校内予算で買うことができません。そこで、区の広報に不必要な拡大読書器があったら学校へ寄贈してもらいたいとの内容で記載してもらったのです。幸い、一カ月もしないうちに一般の方から申し出があり、本格的な授業に入る前にどうにか間に合いました。

次なる不安は生徒の移動についてです。中学校は、小学校よりも格段に教室移動が増えます。階段の位置や下駄箱の位置確認をどうするか、教室の表示はどうするかということで、学年や学級担任は頭を悩ませていました。

そもそも松江第一中学校に弱視学級ができたのは、一人のお母さんの働きかけでした。ツルちゃんという弱視の男の子で、まだ全盲ではなく、それまでは通常の小学校に通いながら弱視学級に通っていたのですが、学区内の中学には弱視学級がありませんでした。ツルちゃんのお母さんは、バイタリティのある人で「小学校にはあるのに、中学校にないのはおかしい」と、区の教育委員会や各議員さんに掛け合って、弱視学級を作るように働きかけたのです。

江戸川区の教育委員会も弱視学級設置に関し、どうすればよいか分からず、取りあえず親の要望は受け入れたので教室を作っておけばどうにかなるだろうという安易な出発だったのだろうと思わずにはいられない、そっけない冷ややかな状況からの新学期スタートでした。

▼弱視生はエイリアン

そして、いよいよ入学式。まず、最初の不安が的中です。校長が祝辞のなかで一言も弱視学級に触れることなく、職員紹介でも弱視学級の担任紹介はありませんでした。決して意図的に悪気があって抜いたのではないことは承知しています。しかし、学校として弱視学級の存在は何なのかについてまったく無関心なのだということが分かりました。当然、入学式後に弱視学級の生徒の気持ち、保護者の気持ちを思い、校長へは抗議しました。

新しくできた弱視学級は、完全に学校のなかで浮いていました。誰も私に声をかけなかったし、先生たちが「なんだか知らないうちに、異物が入った」と感じていることが、ありありと分かりました。取り巻く環境はそっけなく無関心でした。弱視生や弱視教室なるものは、まるでエイリアンのような存在だったようです。そこで、具体的に指導の基本的配慮、基本方針を示すことにしました。

指導の基本的配慮点と基本方針

❶基本方針

・中学校の教育課程に沿って行う。
・養護・訓練（現在の自立活動）枠として通常授業の英語、国語から各2時間、数学1時間の計5時間は弱視学級で行う。
・理科を含む実技教科などの実技及び実習を伴う単元の時は、弱視学

級担任もその授業に入る。

・体育に関してはできるだけ他生徒と同様に行うが、単元的に無理な場合は弱視学級で行う。

❷各教科への配慮

・教科書は基本、拡大本にする。文字の大きさと濃さに注意する。

国語 原稿用紙、ノートのマス目の大きさ、行間の間隔、適した筆記道具の確認は弱視学級で行う。

社会・数学 地図の大きさ、挿絵・写真等、グラフ、表、図の拡大。

理科 社会・数学と同様。実験・観察への参加方法はその都度相談する。

音楽 音譜の拡大。

美術 色の識別の工夫。彫刻刀の取り扱い方。

技術・家庭科　工具、調理器具、裁縫道具の取り扱い方。

英語　ノートの罫線《けいせん》の幅。

▼障害児教育にはお金がかかる!?

都立の盲学校の場合には都が予算をつけてくれていますが、少ない予算の区ではそうはいきません。ツルちゃん一人のために予算をつけられないのが現状です。ですから、ないものは手作りするし、貸してもらえるものは「貸して」と頼むことにしました。

拡大読書器は区報の紙面に載せてもらいました。その知恵をくれたのは学校の主事さんです。

「きっと、いらない人がいると思うんだよね」

そんなにうまくいくかなあと思いましたが、試しにやってみようと「譲ってください」のコーナーに載せたら、

「亡くなった主人のもので古いけど、高価なものだから捨てられなかった」

と譲ってくださる方がいたのです。さらには最初「予算はない」と言っていた事務の人も、「一生懸命にやる人には、お金を出すわよ」という心意気のある人で、本当に助けられました。

▼施設課への要望

ここで問題になってきたのは国語をはじめとする拡大本です。国語に関してはボランティアに、図や表、グラフ等は保護者がフェルトペンで書き写すか、ボランティアに依頼することにしました。音楽の教科書は、1ページをA3に拡大コピーし、英語は7段の市販されているノートを使用する許可をもら

いました。

　英語以外のノートは、点字図書館や視覚障害者のための社会福祉法人、東京光の家で販売している物を使用することにしました。ただ、カラーコピーについては費用がかかり過ぎるので、区へカラーコピー機使用申請書を提出しました。学校名と名前を告げ、知的障害者に交付される愛の手帳か身体障害者手帳を見せれば区役所と、区の図書館のカラーコピー機を無料で使わせてもらえるようになりました。

　グラフや地図は弱視学級で、できる範囲で凧糸や木綿糸の太い物を使い、

東京都の手作り地図は外枠と市区町村の境界線を糸の太さで調整している

できるだけ立体的に触察で分かりやすいような教材の提供をしていきました。

体育は更衣室、体育館、小体育館、プール、校庭と単元により使用する施設が違うので、弱視生と保護者からどこに気をつけたらよいのか、何が分かりづらいのかを聞き、区へ要請することと校内対応でできることを整理しました。

【区への要望書】

①校内照度について、教室、廊下、トイレのルクス（明るさ）を明るくしてもらえないか。

②プール指導について指導員をつけてもらえないか。（小学校の時は江戸川区スポーツセンターの指導員についてもらっていた）

③プールの施設安全について、プールの階段、段差、腰洗い槽を分

かりやすく色分けしてもらうことはできないか。階段への手摺《てす》り等の設置を希望。

④１年生の下駄箱のレンガ階段の色分けをしてもらえないか。

これらの要望を施設課へ要請しました。

【回答】

①体育館への渡り廊下の照度については電気のカバーを外して様子を見る。校内の壁の色を白系の色に塗り替えてみる。

②プール指導員については区として予算化してあるのでつけることはできる。

③トイレの床と便器が分かりやすいように色分けする方向で考える。シャワーの段差、プールサイド、プールフレームには色分け。洗

眼所の角にはマーカーを付ける。階段には手摺りを付ける。
④下駄箱のレンガ階段の色分けだけではなく、体育館の階段・段差に滑り止め付き色テープを貼る。また、校庭のグラウンドの砂の色も考えてみる。

区教委や施設課は、突貫工事で作った弱視教室の設備や校内整備ではありますが、できるだけ予算はかけずに工夫で新設1年を乗り切りたいと努力をしてくれました。

ただし、②の指導員に関しては、小学校の時は母体校でのプールの授業だったかもしれませんが、本校の場合は弱視学級担任がいること。また、手厚い良い環境に慣れてしまうと、自立の芽が育たなくなること。言葉の指示で動いたり、困ったら友だちに尋ねたりするコミュニケーションを育成するためにも、必要がないと考えていることを、保護者と体育の先生、区へ伝え指導員はつけないことにしてもらいました。

▼一般の中学校に弱視学級がある意味

弱視の生徒たった一人の学習環境を整えるには、生徒の眼疾や見え方の把握だけでなく、視野狭窄《きょうさく》があるか、進行性の眼疾か夜盲か等を把握したうえで行わなければなりません。注意喚起しやすいように色テープを貼るにしても、生徒の色別理解がどの程度できるか、見えにくい色はあるのか、視野狭窄があればどの程度の幅や間隔でテープを貼ればよいか、施設課の方は何度も学校に足を運びながら弱視担任と試行錯誤を繰り返し、本人がある程度安心して登下校でき、触察しながら教室移動も自分でできる環境が出来上がりました。

通常の生徒であれば筆記道具に悩むことはないでしょう。階段や廊下で迷うこともないでしょう。でも、弱視学級の生徒は学習以前のところから始め

なければ学習ができないのです。だからといって弱視の生徒が全く困らないように、人の手や環境を整え過ぎてしまっては、社会に出た時に困ることが多くなります。

　環境を整える時にも基本の形や使い方を教えておかなければ一般常識に欠けた視覚障害者を学校がつくりだしてしまいます。初めて視覚障害の生徒を目にした時の戸惑いはあって当たり前です。教える時の基本は、「これ・それ・あれ・どれ」などの指示語、「こ・そ・あ・ど言葉」で言わない。具体的に左右前後、クロックポジション（アナログ時計の文字盤の数字の位置）で教えてもらうようお願いしました。

　もちろん、私が弱視学級でやりたかったのは「視覚障害用グッズ」を揃《そろ》えることではありません。そういうものは、小学校でも親からもたくさん与えられています。中学生は思春期を迎える時です。思春期で乗り越えていかなくてはならないものがあります。そして通常の子どもたちにとっても、障害のある子と接することで、今後、障害者とどう向き合うか、好きになるのか、嫌いになるのか、勝負だなと思ったのです。

障害のあるなしにかかわらず、嫌い同士は嫌い同士ですから、嫌いならば嫌いで構わないのです。でも「障害を〝嫌い〟のネタにするな」くらいを伝えられればいいかなと思ってやっていこうと思っていました。それが中学校のなかに弱視学級がある意味だと考えたのです。

教えて！ 原田先生 2

Q

公立校の教育というのは、どこも一律だという印象を持っていました。しかし、例えば、1997年に、原田先生が弱視学級の開級に携わったことのように[*1]、また、最近では映画化されて話題になった大阪市立大空小学校のように[*2]、行政からのお仕着せではない、個性的で魅力あふれる学校も増えつつあるようです。行政主導ではない教育は、公立校でも可能でしょうか。

A

簡単に言うと管理職や教員が児童・生徒をどこにどうやって引っ張っていこうかという思いがあればできます。その思いを通すために、何が必要かを、仲間（同僚や管理職も含め）と徹底的に議論するなかで、どう運んでいくかという見通しを行政に示せるかどうかでしょう。

さらに言うなら、その努力を管理職がきちんと行政に持っていけるかど

＊1　第2章・第3章参照

＊2　『みんなの学校』2015年
http://minna-movie.com/

教えて！原田先生 2

うかということも重要です。行政というのは決められたこと以外、行政側の責任ということが表にきます。つまり保身です。検討に検討を重ねた完璧な実践計画、そこには成功するためだけの実践計画ではなくて、失敗するかもしれないけどその時はどう対応するかといったものも示していくということです。見通しを立てていることが分かってもらえるようなものを出せるかどうかでしょう。

保護者からのアクションも重要です。保護者からの声や訴えに行政は敏感です。実は行政って、働きかけがあれば「動けるところ」だということに、周りが気づいていないのですね。

第３章

障害をバネにして

▼いざが効く、すぐが効く

松江第一中学校、弱視学級のたった一人の生徒、ツルちゃんは両目の視力が０・０１か０・０２くらいで、「夜盲症」で暗くなると見えなくなってしまいます。しかも視野狭窄があり左右20度くらいしか見えていませんでした。視野がとても狭いので、動く時にどうしても首を振ってしまいます。その動作が慣れていない子どもたちには異様に見えてしまうのです。

なにより、彼を「異物だな」と思っているのは、先生たちでした。「自分は弱視の子の指導なんてできないよ」という気持ちがあるし、「何かあって、保護者から文句を言われたら嫌だな」という気持ちもあったのでしょう。そのなかで主事さんや事務の人がまず、「どうやって、学校で過ごしやすくしてあげようかな」を考えて、声をかけてくれました。

やがて先生たちにも変化が現れました。最初のころ私は、９教科分の必要な教材をできるだけ自分で作っていました。特別支援が必要な子どもたちを教えたことのない先生たちに余計なことを頼むと、もっと距離ができてしまうのではないかと思ったのです。そのうちに心ある先生たちから「もっとこうしたら、もっと良いかもしれない」という声が上がるようになったのです。

ある時、理科の先生が、「リトマス紙の色の変化を、どうやって理解させたらいいか分からない」と言ってきたことがありました。

実は色の変化を音で知らせるグッズがあるのです。「この音だと酸性が強い」「アルカリ性が強い」と分かるのです。

そこで盲学校から借りて、そのグッズを見せると先生たちも、「こういうものがあるんだ!」と興味を持ってきました。そんなことを繰り返すうちに、「じゃあ、こうしてみようか」とさまざまな意見や工夫がなされ、教材がバージョンアップしていきました。

そうやって教材がバージョンアップするように、先生たちの気持ちも変わっていったのです。ある体育の先生は、しょっちゅう弱視学級に来ては、

「ツルは腕立てふせができないのだけど、どうしたらいいかな」

などと一生懸命考えていました。

いろいろなことを助けてもらえるのは、やはりコミュニケーションなのかなという気がします。毎日学校で見ていれば、通常学級の先生も主事さんも事務の人も「その子のために」と思ってもらえるのですね。通級する時間を考え、籍を置くのは松江第一中学校に置いてもらったことで「いざ」という時に「すぐ」動ける、「いざが効く、すぐが効く」のです。その点でも良かったと思います。

▼君は選ばれた人間なんだ

当初、私のなかにも弱視学級を作ってどうするんだろうという気持ちがなかったわけではありません。ただ、確かに盲学校で感じていた、モヤモヤもあったのです。そのモヤモヤとは、盲学校にいると先生も生徒たちも「通常の感覚」が分からなくなってきていることでした。

本来の教育の目的とは、健常者も障害者も基本は同じ。「社会に出た時に、どうやって生きていけるか」です。盲学校で学ぶような、テクニックやグッズの使い方も必要ですが、そのような専門性ばかりではなく、本当はそれ以外のものがすごく大きいんじゃないかな、と思っていました。弱視学級というところでは、もしかしたらそれが学べるかもしれない、という期待もあったのです。

だから私はツルちゃんに「君は選ばれた人間なんだよ」と言いました。「弱視学級に来ているし、クラスの子とケンカもできるし」って。そして「君は代表なんだから」とも言いました。怒るかなと思ったけれど、ツルちゃんもお母さんも怒らないで、「うんうん」と聞いてくれました。「代表が良ければ、もっと視覚障害のことをみんなが分かろうとしてくれる。だから君がしっかりしなければ、ダメなんだよ」と。

繰り返しになりますが、障害者が陥る一番の問題点は、本人も親も「してもらうのが当たり前」になってしまうことです。してくれない人は「冷たくて、悪い人、理解のない人」と思ってしまうのです。しかも本人はそういう意識に気づかないことが多いのです。

子どものことを思うのなら「それではダメだ」なんですね。そのことをはっきりと伝えましたから、最初は相当ぶつかりました。ツルちゃんのお母さんとは歳が近かったこともあって、お互い遠慮なく言い合うこともありました。でも私が「してもらって、当たり前じゃないんだ」と言えたのは、盲学校での経験があったからです。そしてお母さんや周りが変わりはじめるとツルちゃん自身も変わっていったのです。

▼クラスが一つになる時

ツルちゃんはよく「つぶやき」をする子でした。これは視覚障害児に多い行動なのですが、「それは〇〇だと思うのだけどな～」というような話し方をするのです。自分に確信がないから相手に判断を預けて、「そうだね」と言わ

れたら、「だよね」と言って次に進む。会話のなかで探りを入れているわけです。そして自分から「困った」「助けて」とは、なかなか言いません。

例えば、鉛筆が机から落ちてしまった時に「鉛筆、どこかにあると思うのだけどな～」と言うのです。「どこにあるのか、捜してくれる？」と言えばいいのに、言えない。ツルちゃんだけでなく、そういう子を多く見てきました。

偏った考え方かもしれませんが、彼らは自分で自分の障害の受容ができていないのだろうと思います。見えないのだから「見えません、助けてください」と言えばよいのに、自分は普通だと思って、生きていきたい。それが言えないのは、多かれ少なかれ障害があることを負い目と感じているのではないかなと思いました。

でも、そんなのみんな同じですよね。大人だって「自分にはこれができない」と自覚するのは難しいし、それをさらけ出して「困っています」とはなかなか言えません。弱みを見せたくないし「知らないんだ」と思われたくない。だから周りをうかがったり、様子を見たりします。それをさらけ出せば助けてもらえるのだけど、なかなかできないものです。同じなのです。

ツルちゃんはほとんどの時間を普通の子どもたちと一緒に教室で過ごします。みんなとうまくやっていたかというと、これが結構ケンカもしていました。ツルちゃんの性格に攻撃的なところはなくて、どちらかといえばおとなしい子です。

ただカーッとすると、どうしていいか分からなくなるのです。これはいままでそういう経験をしていなかったんだなと思いました。周りが常に「してあげる」と気を遣ってくれる世界にいて、イラついたり、カーッと感情が込み上げてくるような経験がなかったのでしょう。

だから、感情のコントロールの仕方が分からないのです。「こんなこと、いままでみんなやってくれたのに、何で?」という戸惑いから「みんな、おまえたちが悪いんだ」となって、それがケンカの火だねになることもありました。

見えないことから誤解をして、それが原因でケンカになることもありました。クラスの子たちは彼のそういう特性を理解すると、ケンカはしなくなります。運動会の出し物の練習をしていた時に、別のクラスの誰かが「ツルが同じクラスでなくてよかった」と言ったのが聞こえてきました。ツルちゃんのしょげている様子を見ていたツルちゃんの友だちは、休み時間などに「前の授業中に、ツルはこんなことをしたよ。どうすればいい？」と、私のところに聞きに来てくれるようになりました。

　クラスの子たちは担任に言われたわけでもなく、いつもツルちゃんのそばに何気なくいてくれていました。クラスの子たちに大きな変化が現れたのは、新学期からある程度時間がたってからです。特に5月にあった運動会から、彼らのツルちゃんへの反応が大きく変わってきました。おそらく「みんなで一緒に動かないといけない」「ツルちゃんをどう動かすか」「どう言えば動いてもらえるか？」を、生徒たちが考えたのではないかと思います。みんなで一体感を味わえる行事での体験って、大きいのです。

▼いじめっ子、いじめられっ子への対応

もちろん、クラスメート以外の子たちは普段一緒に生活していませんから、ツルちゃんのことがよく分からないのです。校庭で遊んでいるツルちゃんに他学年の生徒が石を投げたと聞いた時には、その生徒をガツンと叱ったこともあります。

しかし、他学年の生徒から石を投げられる「いじめ」は、なかなかなくなりません。周りの子が「誰々に投げられたんだよ」と報告に来てくれたので、いじめた子に、ツルちゃんがどんな世界に生きているのか、体験させることにしました。

ここで活躍したのが、予算がないなかであえて購入してもらった視覚障害体験用シミュレーションレンズでした。これは、屈折異常、白濁、視野狭窄などを人工的に引き起こさせ、視覚障害の見えにくさを体験するためのものです。「それだけは絶対に買ってください」と、事務の人にお願いして購入し

てもらったのには大きな理由がありました。

通常の学校に突然、弱視学級ができたら、これまでに触れ合ったことのない子どもたちは戸惑うでしょう。ですから、子どもたちの間にトラブルがあることも予想していました。弱視であるということが分からないのは、大人も子どもも一緒なのですから、子どもたちだけでなく、先生たちにもツルちゃんのことを分かってほしかったのです。

こういう状態で授業するとしたらどうなるのかということを経験してもらいたかったのです。特に体育や技術・家庭科や美術など、実技系の先生にはその状況が分かってもらえると授業がスムーズになります。

研修や講習をしたわけではありません。タイミングとしては、「本当に困っている時にやるのが一番かな」と思っていたので、ここでシミュレーションレンズの出番がきたわけです。

ツルちゃんに石を投げた子は中学2年生でした。石を投げた子の担任とそのお母さん、ツルちゃんのお母さんにも弱視学級に来てもらって、当事者本

人に、

「見えないということは、こういうことだから」

とシミュレーションレンズをかけてもらいました。その子は、

「こんなに見えないんだ……」

と驚いていました。言葉では「ごめん」とボソッと言うくらいで、本心は分かりません。でも次からはやらなくなるものです。「習うより慣れよ」ではありませんが、口で教えるよりも経験は大きいのです。


ちなみにこのことをきっかけに、先生たち全員にも障害理解教育と銘打って、アイマスクをして白杖を持ち、学校の外に出て歩いてもらいました。もちろん、経験したからといって、絶対にいじめがなくなることなどありません。でも、いじめのやり方がだんだん変わってくる。どこか温かさがあるようになるのです。

「ここまでやってもいいかな」という程度が分かってくる。そうなるとやられるほうも慣れてきて、怒らずに適当にごまかす術《すべ》も身についてくる。それ

でいいんじゃないかな、と私は思っています。いじめた子、いじめられた子、双方がちゃんと顔を突き合わせて話をしないと、陰湿ないじめがどんどん増えていきます。

「うちの子はいじめなんてしていません」と言う親もいるようです。でもいじめが発覚した時に、いじめられた子を擁護するのは教師の責任であり使命です。私は、「実はこういうことがあったのです。ちょっと荒療治ですが、お子さんに体験をしてもらいます」と、いじめた子のお母さんに事前にしっかり報告をして、心の根回しをしておきました。

いじめられている子は、いじめられていることをなかなか言えないのです。ですから教師はいじめられた側をしっかり擁護してやらないといけないのです。

いっぽうで、いじめられた側にも指導します。ツルちゃんにもいらないケンカを起こさせないように学ばせるのです。「ブツブツとつぶやくのをやめなさい。言いたいことがあれば、はっきり言いなさい」と。

▼「できない」と「やらない」

ツルちゃんのお母さんと心が通じ合うようになったのは、体育の剣道の授業からでした。剣道では防具をつけますよね。でもツルちゃんは、防具の紐が結べなかったのです。授業のあとでお母さんが、

「うちの子は目が見えないから、結ぶなんて無理なのに、どうしてそんなことやらせるのでしょう？」

と、弱視学級に電話をかけてきました。

一瞬、「ああ、そうか。見えないから」と思ったのですが、次に「あれ？」と思いました。そこでお母さんに聞きました。

「お母さん、目をつぶってエプロンを結べないですか？」

その答えは、「結べます」でした。これで、お母さんも気づいてくれたのですね。

「見えないということで、済ませていた部分が多かったんじゃないか」

と。気づきって、たったそれだけのことなんです。でもずっと見えないからと、なんでもやってあげていた状況では、そんなことにも気づかなかったわけです。その時、階段を一歩上った気がしました。お母さんは、

「見えないからと言わないで、家でも本人にいろいろなことをやらせないといけないと思いました」

と言ってくれました。

しかも、お母さんは「それ以前に、うちの子ちょうちょ結びができないかも」と言うのです。でも、ちょうちょ結びができないのは、通常学級の子も同じでした。運動会の時に気づいたのですが、ツルちゃんだけではなくて、鉢巻が結べない子がたくさんいたのです。これには驚きました。

私は、盲学校の教師だった時、子どもたちには「できるだけ紐の靴にしなさい」と言っていました。重複障害のある子はなかなか自分でやるのは難しいからマジックテープ（面ファスナー）でもいいのですが、その子の生活レベルと障害レベルによって、使わせるものも違ってきます。

余談ですが、ツルちゃんは靴も少しゆるめのものを履いていました。紐をゆるめなくても履けるようにという配慮もあったのでしょう。でも靴はとても大切なのです。足の骨の一部である足根骨は全身の体重の約90％を支えています。さらには、見えない人にとって足は目の代わりもするのです。それが、グラグラしていたらきちんと歩けません。「足に合った靴を選びなさい」と、本人とお母さんに言いました。これは先生にもしっかり指導してほしいところです。

▼自立の芽を摘まないで

このお母さんとのやりとりから、私は指導方針を変えました。周りにも協力してもらって、よりいっそうツルちゃんの自立を促すことにしたのです。

まず周囲の先生方や、ツルちゃんの友だちに言いました。

「お母さんも分かってくれたから、ツルちゃんにはなるべく手を貸さないよ

うにしてください。友だちにもやらせなくていいです。できなかったら、泣いても構わないから、放っておいてください。泣いたら誰かがやってくれると思ったら、この先、世の中に出ても生きていけませんから」

先生だけでなくクラスの子たちも、ツルちゃんに手を貸したくなっちゃうんですね。でも、してあげるのではなくて、やり方を教えてあげるのだったらいいんです。してあげちゃうということは、その子の自立しようとしている芽を摘んでいることになってしまいます。

「たかがちょうちょ結びで、何が自立か」と思われるかもしれません。でも自分にできるかどうか分からないけど、やってみようかと思える心。出来上がりや結果に怯《おび》えず、葛藤しながらも挑戦する気持ち。そういうものを育てるのが、教師の責任だと思うのです。ツルちゃん親子の葛藤も、そこから始まりました。それは本当にきつかったと思います。

▼受け入れて人は大きく育つ

ツルちゃんは、いずれ全盲になることは分かっていました。でもお母さんも小学校の担任の先生も、小学校の弱視学級の先生も、本人に障害のことをはっきりと伝えていなかったのです。お母さんとの初めの個人面談で「本人は知っていますよね」と聞いたら、言葉に詰まったので分かりました。

「言ってないんです。本人がショックを受けるから」

と。だから、

「それは違うでしょう。知らずに失明したら、この先、もっとショックを受けるよ」

と説得しました。それで、私からツルちゃんに話すことになったのです。

たしか入学して2カ月後、6月だったと思います。ツルちゃんはもちろんショックを感じたのでしょう。私の前でボロボロ泣きました。でも、家に帰った時にお母さんには、

「うん、先生から聞いたよ」

とサラッと言ったそうです。私の口から伝えてよかったと思いました。ツルちゃんはいずれ治ると思っていたんです。真実を聞いたことは本当にきつかったと思います。でもそれを知った時点から、教わる姿勢、学ぼうとする姿勢が絶対に変わる。いい結果になると信じていました。

私はツルちゃんと会った時から、何となく本人は知らないのかもと感じていました。危機感がないというのでしょうか。点字の勉強をしていても、一生懸命にやらなくて、いずれ見えるようになるからいいじゃないかというような感じがあったのです。周りの大人がはっきりと伝えなければ、誰だって希望的な気持ちになります。

私は遅くとも小学校の高学年、5年か6年になったら、子どもに自分の障害について、正しく知らせるべきだと思っています。できれば小学校に入る前に、保護者がきちんと伝えてあげるといい。それによってその子の学び方、学ぶ姿勢が、まったく違ってくると思うのです。

いずれ見えなくなることを知ってから、ツルちゃんに変化が現れました。

「困ったら誰かが助けてくれるのではなくて、自分から言わないと人は分からないんだよ」

「人に伝える時に大事なのは言葉でしょう。じゃあ国語をもっと勉強しなさい」

そんなふうに学習を繋げていくと、いままで言えなかった自分の気持ちをだんだん言えるようになってきました。

中学2年になるころには、ツルちゃんはだいぶ視力も落ち、夜盲症も進んできていました。そこで、「2年生からは弱視学級から、月に何度か盲学校に通級してみようか」という話になりました。いまは復学制ができて認められていますが、当時は二つの学校に通うことは異例でした。でもみんなで「この子にとって、大切なものは」と真剣に考えた結果でした。

病気の進行具合からも、もう通常の高校には行けないだろうと分かりましたし、盲学校に慣れておいたほうがいいと考えたのです。「高校から初めて行

くよりも、顔見知りがいたほうがいいだろうな」という思いもありました。そして区の教育委員会にも相談し、最終的に両校の校長先生が認めてくれました。盲学校の先生もツルちゃんのために、ちゃんと時間割を作って、授業をしてくれたのです。

ツルちゃんのその後をちょっとだけご報告しましょう。就職して素敵な女性と巡り合い、結婚しました。自分の人生を自分の力で立派に切り開き、一家の主となって、幸せな家庭を築いています。

▼世界にはばたくノンちゃん

障害があっても努力を積み重ね、優れた能力を発揮して、広い世界に出ていった子もいます。その子は、みんなにノンちゃんと呼ばれていました。

ノンちゃんは生まれつき目が悪いわけではありませんでした。脳瘤《のうりゅう》というものが脳の神経を圧迫していることが原因でした。難しい場所で目だけでなくほかにも悪い影響がでるかもしれないということで手術もできず、ノンちゃんはそのせいで、弱視になってしまいましたが、普通の小学校に通いながら弱視学級にも通うという日々を送っていました。

最初に弱視学級で会った時、ノンちゃんは「私は障害があるから、みんなに嫌われるんだ」と言ったのです。「私はこれからも、きっとみんなに嫌われて生きていくんだと思う」みたいなことを言うんです。ノンちゃんに「そうじゃないんだよ」とどうやって伝えようか、教えていこうか、と考えました。

その時アイデアをくれたのは、弱視学級へ通う時間以外で席を置くノンちゃんの通常学級の担任の先生です。私より年配の国語の先生でした。区で開催している弁論大会に「ノンちゃんを出してみようか」と言ってくれたんです。

弁論のテーマは「自分を振り返る」というものでした。その時ノンちゃんは書きながら自分を顧みたのでしょう。書きながら分かったと言っていました。「私が嫌われていたのは、障害があるからではなくて、自分の性格が悪かったからだ」と。書いていて、それに気がついたと本人が言ったのです。

担任と教科担当と私で「意図は達成した！」と大喜びしました。「そこさえ気づけば、後は上手く流れる」と。ノンちゃんに「じゃあ自分の何が悪かったのかを、しっかり考えながら生活していこうね」と、学習も生活指導も進めることができました。

こうして書かれたノンちゃんの弁論は素晴らしいものでした。区の大会前の校内の弁論大会でトップになり、なんと区の弁論大会でも優勝したのです。さらに都の弁論大会に進んで特別賞をもらいました。ノンちゃんは飛び抜けていました。次の年からは、ノンちゃんが出れば間違いなく入選する力があることが分かるから、区から「彼女以外の人にしてください」と言われたほどです。

私と担任の先生は、弁論大会で入賞することを目標にしていたわけではありませんが、結果的に弁論を書いたことで、彼女にとってすべてが良いほうに流れていきました。

自分の内に目を向けさせて自己開示というのでしょうか、それをさせていくのがノンちゃんにとってとても大切なことだと考えたのです。弱視学級での指導ではそのことを心がけました。ノンちゃんは変わっていきました。

担任の先生が弁論大会で、本人に自分を見つめさせるという機会を与えてくれた。彼女はそれをきちんと受けて自分を見つめて、そこから自分の今までの生き方を見直し、どうしていかなければいけないかに気づきだしました。そして「これは、こうしたら良かったんだ」ということが分かるようになってきました。ここでノンちゃんの弁論を紹介します。このころはまだ視力があったノンちゃん。85ページの題字と名前は当時のものです。文字も驚くほど達筆なのがお分かりいただけると思います。

障害と私の夢

松江第一中学校　岩井のぞみ

私は昨年、あるリサイタルを聴きに行きました。それは、全盲のピアニスト梯《かけはし》剛《たけ》之《し》さんと、全盲のヴァイオリニスト和《わ》波《なみ》孝《たか》禧《よし》さんのデュオリサイタルでした。私はこの演奏会を、とても楽しみにしていました。なぜなら私も、目に障害を持っていて、四歳の時からピアノを学んでいるからです。

私は今まで、自分が目の見えにくい弱視者である、ということを、ほとんど意識せずに、普通に生活してきました。ピアノは、楽譜が良く見えないので、CDを何回も聴いて覚えたり、楽譜を拡大してもらって、すっかり頭に入れてから、ピアノに向かって練習していますが、あまり苦にせずやってきました。小学校も、弱視学級に週、何時間かは通いましたが、みんなと同じ生活を送ってきました。そして、「何でも一人でできる。」と思っていました。

しかし中学生になり、弱視学級のある松江一中に入学しましたが、同じ小学校の友達は、一人も居ません。新しい友達も、顔が良く見えませんでしたし、その人の声で覚えなければなりませんでした。新しい教室でも、位置がよくわからなくて、物にぶつかったりすることもありました。「何でも一人でできる。」という自信を失いました。そして、少しずつ自分の目の障害を意識して考えるようになりました。

全く見えない全盲というのでは、ありませんが、視力はほとんどありません。自分では少し見えるので、普通だと思っていても、他の人から見たら、何をしているのと思われることもあったのでしょう。道を歩く時も、白杖を持っていなければ、私が見えにくいのだということは、他人にはわかりません。それなのに白杖で歩いていて、自転車にぶつかりそうになったこともありました。

また二年生になって、進路を考えるようになった時、「あなたの視力では、

普通の高校は無理です。」と言われ、ショックでした。悲しいというより、むしろ悔しかったのです。「私は、普通の高校でやっていける。今までだって、普通学級でやってこれたのだから…。」

そんな思いで、胸がいっぱいでした。今まで、一度も「盲学校」という進路を考えたことがありませんでしたから、よけいショックだったのかもしれません。しかし盲学校も考えられるようになりました。弱視であることを、自分が意識して、他人にわかってもらうことも大切だ、と思えるようになりました。

目が見えにくいということは、障害ではありますが、だれにだって、長所や短所があるように、どんな障害もその人の個性だと思います。障害があることで、かえって、みんなにない力を持つことが、できると思います。例えば、暗記力、見て覚えるのは大変ですから、なるべく、すぐに、頭の中に入れてしまうようになりました。また、音が頼りですから、音にはとても敏感です。

みんなが、聞き落としてしまう音も、すっと耳に入ります。障害を自分自身で見つめることで、新しい自分に会えるような気がします。人として成長できるような気がするのです。

私には、夢があります。それは演奏家になることです。音楽は、人の心をなごませてくれます。有名な演奏家にも、目に障害のある方が、たくさんいらっしゃいます。あの、デュオリサイタルのお二人の演奏も、とても感動的でした。私はとても励まされました。「上手ですね。」と言われるより「感動しました。ありがとう。」と言われるような、そんな演奏家を夢見ています。そのために、今は、いろいろな表現方法や、テクニックを磨いているところです。しかし、もっと自分と向き合い、障害も含めて、自分のことを知り、夢に向かって頑張っていきたいと思います。

原文のママ掲載しています。

▼愛情で子どもは伸びる

ノンちゃんは、ピアノを4歳くらいから習っていました。ノンちゃんは弱視でよく見えないので、楽譜を読むのにもすごく時間がかかります。早朝から学校に行く前にピアノの練習をして、学校から帰ってくるとまたすぐに夜の9時くらいまでレッスンをする日々だったそうです。そんなノンちゃんが、その時期にちょっと甘ったれの子どもに戻れたのは、お母さんが仕事に行っている間に、おばあちゃんと二人で過ごす時間でした。

ノンちゃんはおばあちゃんとガス抜きしながら、毎日がんばってピアノの練習を続けました。

私は音楽のことはよく分かりません。でも点字で書かれた楽譜が、ものすごくややこしいことは分かりました。

そこでノンちゃんは曲を聴いて、自分なりに工夫して楽譜に起こしていた。そういう努力をしていたんです。小さいころと変わらず、中学校に来る前に

2時間はピアノを弾き、学校から帰ってすぐにレッスンに行きます。ノンちゃんに「目が見えていたら、もっとラクだったと思う？」と聞いたことがあります。ノンちゃんは「もし見えていたら、こんなにがんばらなかったと思う」とキッパリ言いました。

もともと学習レベルが高かったノンちゃんですが、教育熱心なお母さんに対して、その厳しさの真意が理解できず、厳しすぎる、うるさいお母さんと思っていました。お母さんが仕事でいない時、おばあちゃんが学校にノンちゃんを迎えに来てくれます。

ある日、お母さんのことを「自分はちゃんとやってないのにね」とおばあちゃんがさりげなく言うと、ノンちゃんも「お母さんは勝手だよね」と楽しそうに返していました。これはおばあちゃんが、日々がんばるノンちゃんに子どもらしさを取り戻してもらうために言っていたのだと思います。これこそ、おばあちゃんのノンちゃんへの愛ですね。

ノンちゃんのおばあちゃんは、本当に孫思いでした。例えば、家庭訪問の

時などは、私と通常学級の担任に、「ノンちゃんがお世話になっている先生だから」と、至れり尽くせりのおもてなしをしてくださいました。ノンちゃんが校内の弁論大会で優勝した時は、おばあちゃんが観に来たのです。おばあちゃんは弱視学級の前の廊下で、「先生！　ノンちゃん、やったね！」と言って、歌を歌いながら踊り出しました。「一緒、一緒」と言われて、私も全然知らない韓国の歌と踊りを見よう見まねでやりました。

そういうふうに体で喜びを表してくれる様子を、ノンちゃんは常に感じて育ちました。それがピアノにも生きているのだと思います。おばあちゃんがいなかったら彼女のピアノの表現力や感情は果たしてここまで育まれたでしょうか。お母さんもお母さんなりにノンちゃんが一人で生きていけるように必要なものをノンちゃんに与え続けています。自分が辛《つら》くても我が子のために身を削り頑張っています。「手に職をつけなければ、人間はダメ」と小さいころからノンちゃんに言っていました。そして特に障害がある子は何か優れたものがなければ生きづらいと考えていたのです。そういう点で、ノンちゃんのお母さんは偉かったと思います。ピアノもやらせるけど、勉強もやらせる。「両立しなければ、この子はダメになる」と言っていました。小さいころは「お母さん、キライ！」と言っていたノンちゃんも、いまではお母さんの愛が痛いほど分かっています。

▼世界のステージへ

目はもう高校を卒業するころには、見えなくなっていたんだと思います。日本の音楽大学に進みましたが、

「日本にいたら、もうこれ以上先にはいけないと思う」

と言うのです。レッスンについてくれている先生が、

「だったら、外に出ないか」

と勧めてくださったことで、アメリカのテキサス州にある大学院に進んだのです。脳瘤の薬は2カ月分しか処方されません。お母さんは処方箋をもら

うたびに、薬を持って東京からテキサスに行っています。簡単にはできないことです。

ノンちゃんに後から聞いた話ですが、特に音楽大学に進んでからは、先生に特別扱いされているといった、いじめにあったらしいです。音大のようなところは、表現力や技術を競い合うところでもあります。秀でている人への嫉妬ややっかみも少なからずあったのかもしれません。でもノンちゃんは、

「いじめている人は、いじめがやりたいからいじめているんでしょう。だから私は構わない。私は気にしない。私は私で、自分のやりたいことをやるからいい」

と話してくれました。

すごい！　こんなに強くなったんだ、と思いました。ノンちゃんもノンちゃんを支えたお母さんも、私などが想像するよりもっともっと嫌なこと、辛い思いを経験してきているはずなのに、目的ややりたいことを見つけると負けない強さが備わるのですね。

いろいろな才能を持つ子がいます。そのなかでもノンちゃんはやっぱりすごいなと思います。ピアノと学業を両立させて、自立もできました。いまは、日本から遠く離れたテキサスの大学院で学び、一人で生活しています。世界的コンクールで優勝したり、特別賞を受賞したりして、世界各国で積極的な演奏活動をしています。このノンちゃんこそが、盲目のピアニストとして活躍する岩井のぞみさんなのです。

教えて！原田先生 3

Q

障害者差別解消法が施行されました（2016年4月）。この法律が施行されることによって社会は障害者への理解が深まるのでしょうか。

A

障害者差別解消法（正式名称は「障害を理由とする差別の解消の推進に関する法律」）とは、障害のある人への差別をなくすことで、障害のある人もない人もともに生きる社会をつくることを目指すという法律です。

障害者には一人で歩けない人もいるし、障害が自分に降って湧いたように来ちゃったということで精神的に病んでしまった人もいる。そういうなかで、障害者差別解消法ができると、社会に適応しにくいという人でも就職試験を受けたいとその人が言ったら受けさせなければいけないわけです。会社は受けさせるし、人数が満たない場合には入れなければいけないというのが、国の役所から来ているから、本当は無理だと思っていても入れざるを得ない。簡単に言うと、無試験みたいなものです。定員が足りなければ入ってくださいというようなことがあり、現場は大変なのです。

行政が行うのは法規的な保障でしかないので、例えば差別解消法はあくまでもリップサービスなのです。法的なものでは差別はなくなるかもしれませんけれども、人の気持ちとしての差別感はなくなりません。逆にいえば、「あー、メンドクサイな」というのを口に出してはいけないので、もっともっと陰湿になってきて障害者差別が起こっていくのだろうなと思っています。障害者も健常者も人として触れ合う教育を忘れています。法規的な面で保障しようとすること自体が、差別の根源じゃないかと私は思っています。

第４章

心障学級（特別支援学級）へ

▶燃え尽き症候群になった九中時代

▶「あそこは別のエリアだから」という壁

▶関わり合うって大変ですか

▶数字の通信簿が欲しい？

▼燃え尽き症候群になった九中時代

松江第一中学校で弱視学級を４年間受け持ったあとに、東京都文京区立第九中学校の心障学級（現在は特別支援学級）に赴任することになりました。心障学級は知的障害のある子たちのための学級で、弱視とは違った取り組みが必要になります。私が赴任した年には1年生の男の子と女の子が一人ずつ入学してきました。担任は私ともう一人の先生です。

九中での6年間は「ひょっとしたら、こんなに教育に真面目に向かったことはないかもしれない」というくらいの日々でした。あまりの達成感から燃え尽き症候群になったほどです。

私を燃え尽き症候群になるほど本気にさせたのは、マキちゃんという男の子です。始まりは入学式の時でした。式場に入る前にほかの1年生と並んで舞台袖で待っていたのですが、その時に同じクラスの生徒がギャーギャーと騒ぎ出しました。マキちゃんは自分の訴えを言葉で言えず、どうしてよいか分からなくてイライラしていました。周りの先生たちはどうしていいか分からず、オロオロしています。

私にはマキちゃんが「お前ら先生だろう。どうして注意しないんだよ」「どうしてやめさせないんだ!」という気持ちで、感情を爆発させていたように思えました。そして私がマキちゃんのそばに行った時、マキちゃんは思わず私の手を「ガブッ」と噛んだんです。その時に私の負けん気に火がついたのです。「よし、やってやろう!」と闘志が湧いてきました。この子たちと3年間、向き合ってやる、と。あの一噛みが効きましたね。

文京区は学区内自由選択制です。私の赴任時は2名の生徒の在籍でしたから、はじめは閉級か休級になるかというくらい人数が少なかったのです。生徒の保護者はそれぞれの心障学級をよく見て入学させていました。九中の心障学級を閉級にしてはダメという思いで、何が問題なのかを考え、できない子たちという視点から始まっている指導に問題があるということを確認しました。

私たち九中は「普通の教育課程に準ずるやり方をしたい。9教科を全部やりましょう」と考えていました。ところが知的障害にもさまざまな種類があります。一人ひとりに合った方法で9教科を実施するためには、私たち教師だけでは手が回りません。そのため講師の先生に随分と入ってもらいました。予算を取るのがとても大変でしたが、校長先生が動いてくれたのだと思います。

なぜ9教科にこだわるのか。「普通のことができないと障害者は自立できない」――盲学校時代、弱視学級時代と同じ考えが、私のなかにあったからです。世の中に出て話をしていく時に「何も知らない」では困ります。理科的なことも、社会的なこともある程度分かっていないといけない社会に出た時に「私は刺繍をやっていました」「粘土やりました」と言うだけだと、「やっぱり、はじかれていくだろうな」と思います。だから「普通の教育課程に準ずるやり方」でやらせたい。それをすることで、通常学級にいる先生たちとの関わりも持てるようになってきますし、それによって心障学級が、学校のなかの特別な

場所（エリア）ではなくなります。こうしたことで生徒たちの世界にも広がりが出てくるのです。

▼「あそこは別のエリアだから」という壁

九中に赴任した当初、松江第一中学校の弱視学級の時とはまた違った意味のショックがありました。心障学級の前にはトイレがあるのですが、通常学級の先生も生徒も入りにこない。通常学級の先生にその疑問をぶつけてみると、

「あそこは別のエリアだから。生徒たちにも『行っちゃダメ』って言っている」

と言うのです。あまりのことに、愕然《がくぜん》としました。職員室には私たち心障学級担任の机がありませんでした。それまで心障学級の先生たちは、職員室での朝の打ち合わせに出席していなかったのです。

「私たちは『別のもの』にされているの？　だったら、ここにいる必要がな

いじゃない！」

と私は憤慨しました。

まず管理職の先生に、職員室に私たちの机をどこでもいいから置いてください と、お願いしました。朝礼にもどちらか一人でも必ず出ます、と。

そうするうちに心障学級への見方も変わっていったのでしょう。通常の先生たちがどうにか心障学級のほうにも来るようになってくれて、心障学級近くのトイレにも入りに来るようになってくれました。この時に、通常学級の先生たちには、特別支援や心障学級に対する壁がまだまだものすごくあることを改めて感じました。

九中ではずっとそうして心障学級が「別のもの」、もっと言ってしまえば「ないもの」にされてきたのです。何年間もそういう特別な空気が漂っていたら、子どもたちはその空気を感じ取ります。先生のなかにも、それをわざわざ改革しようという人がいなかったのでしょう。これでは通常の子どもたちと接することのできる場所に、心障学級を作る意味がないじゃありませんか。

▼関わり合うって大変ですか

この場合、いけないのは学校側、心障学級側のどちらだと思いますか？
私は、その現状に疑問を持たない、声をあげない心障学級の先生だと思うのです。心障学級は誰にも口出しされないエリアであり、ある意味において「治外法権的」な場所です。ある程度適当にやっていても、誰にも何も言われることもありません。

しかも、はたから見ると、いかにも大変そうに見える部分があるわけです。言葉で言っても通じない子どもたちを教えなければいけない。止まれと言っても動き回ってしまう子たちを、追いかけながら授業をしているのです。周りに大変だなと思われている分、心障学級の先生はそんなにやっていなくても、自分たちは一生懸命に仕事をしているんだと見せることが身についてしまっていると感じました。

これまでの九中の心障学級の先生は、無理に通常学級の先生や子どもたちとの接点をつくる必要はないと考えていたのだと思います。関わり合うと大変だし、ごたごたすると思っていたことがよく分かりました。

私は赴任当初から、おかしいなと思いました。1年目はなるべくおとなしくしていましたが、2年目からは心障学級の生徒を、とにかく通常の生徒のなかに送り出すことから始めたのです。

例えば運動会。私が行く前は、運動会の時に通常の生徒と心障学級の生徒は別々にされて行進していました。これはおかしい。競技の指導もせず「まあ、なんだったら、その日は休んでもいいよ」というような指導を先生がしていたのです。

そこでまず通常の体育の先生たちに「ちゃんと学年の行進に入れてほしい」と頼みました。列の一番最後でもいいから、一緒に行進させてほしい。「競技も同じようにやらせてください」とお願いしました。そうやって言ってみると、みんな考えてくれる先生たちだったのです。こっちがポーンと石を投げたら、それを学年の会議に持っていき、話し合いを重ねながら、どうやったら一緒

にできるかを考えてくれました。

▼数字の通信簿が欲しい？

その結果、学年種目にも心障学級の子どもたちが一緒に入っていけるようになりました。ただし組体操だけは体力的に無理な面があるので「これは心障学級だけでやろう」ということになりました。

その年の運動会は、みんなと一緒に違う組体操をやって、保護者にも見てもらうという形をとりました。行進も体操も、それから女子のダンスも、一緒にやらせてもらったのです。保護者にも、いままでそういう経験がなかったのですね。

「小学校の時も運動会はずっと別だった。なんだ、やればできるんですね」と、みなさん嬉しそうでした。

親の側も、自分の子どもが別にされていることに疑問を持たないで、ずっときてしまったのでしょう。先生も親も「この子は普通と同じようにはできないから」と思い込む。だから「特別指導が必要だ」となり「みんなと別」にすれば、親は「特別な指導をされている」と思うし、先生たちは「特別な指導をしている〝つもり〟です」となるのです。その状態でやっているから、これまで心障学級に通っても、子どもたちにあまり良い結果は出ていなかったのではないのでしょうか。だから閉級に追い込まれるような事態になってしまうのだと思います。

「どこそこの学校の指導がいいらしい」という情報は、保護者の間で広まっていきます。

教育相談の日には、私はそこで心障学級としての方針をきちんと伝え、「方針に合わないようでしたら、よそに行っていただいて構いません」とハッキリ言っていました。それはなぜかと言えば、入学してから揉《も》め事が起きると子どもたちにとって時間の無駄ですし、九中の方針が分かった上で入学してほしかったからです。親との軋轢《あつれき》を避けるためには、そうした方針をまず打

ち出してしまったほうがいいのです。

こうしていくうちに、閉級寸前だったことがまるで嘘のように、どんどん入学者が増えていきました。やっぱり親も「普通の教育課程に準ずるやり方」を求めていたのだという気がします。私を燃え尽き症候群にさせた学年のお母さんが、

「先生、うちの子も心障学級の子たちも、義務教育の間ずっと文章で書かれた通信簿しかもらったことがないんです。嘘でもいいから、1とか2とか5とかの通信簿が欲しいなあ」

と言ったのです。なるほどと思いました。

小学校の心障学級では9教科を教えていないわけです。だから数字による通信簿がつけられませんでした。そこで特別に、公式なものではないけれど数字表記の通信簿を初めてつけたのです。9教科を担当してくれた講師の先生たちから「通常よりもできた」「ここはもうひとつだった」「もっとがんばれる」というのを聞いて、通常の子たちと同じ紙を使って、同じように通信

簿をつけました。校長先生も「判子、押してあげるよ」と協力してくれました。この時、保護者たちはとても喜んでいましたね。

とにかく1でも2でもいいから、みんなと同じ数字の通信簿が欲しい――そんな保護者の思いに改めて気がつかされました。保護者にも「うちの子を特別にしてほしい」という思いと「みんなと一緒にしてほしい」という両方の思いがあるんだなと。

でも子どもたちは、

「今学期は通信簿が二つあります」

と言ったら、

「いやだ～！」

と言いましたね。

「そんなのもらいたくない」

って。

教えて！原田先生 4

Q

盛んに叫ばれている「インクルーシブ教育（障害者が差別を受けることなく、障害のない人と共に生活し、共に学ぶ教育）」は教育現場に浸透していくのでしょうか。

A

障害者差別解消法なんて法律が施行されると、希望論は出るでしょうね。いま盛んに叫ばれている「インクルーシブ教育」は10年前くらいに欧米で出てきた言葉ですが、欧米ではすでに失敗だと言われています。

日本は遅いんです。欧米で、10年やって無理だと分かった。東京都は失敗だってことも報告を受けています。そのときに、現場の声として「欧米では失敗しています」と言いましたが、東京都の回答は「そういうふうになったから」でした。

障害者の親たちはインクルーシブを盾に学校にいろんなことを要求するわけです。でも絶対に無理なんです。横文字で「インクルーシブ」と書く

教えて！原田先生 4

と高級そうにみえるじゃない？

でも意味が分かっている人ってどれだけいるのでしょう。簡単に言うと、インクルーシブ教育の本質は、かつては自分の学年に、ちょっと勉強ができない子とかいたじゃない？　そういう子と一緒に勉強してましたよね？そうして一緒に勉強していたことなのです。

かつて、日本の教育は自然とできていたんです。それをなんだかんだって、有識者だか分かりませんけども行政のほうで、障害者教育を分けていくような教育をしはじめた。細分化された結果、失われたのです。欧米では失敗したものをどうしてやるのでしょう。

第5章

「障害者」のプロになれ！

▶相互理解を進めるために

▶地域で育てよう

▶「ありがとう」で
世界は変わる

▶過剰な優遇ってどうなの？

▼相互理解を進めるために

いま、小学校４年生になると「障害理解」の授業があります。その授業のために、通常の先生たちが盲学校や弱視学級に障害者用のグッズを借りに来たりもします。そういう時に先生たちといろいろ話ができるのはいいのですが、その先生たち自身も「障害」について知らないのですね。インターネットで調べて終わり。知識は得ても生きた理解には繋がりませんから、まったく身につかないのです。

２００７年に特別支援教育が始まった時には、まだいろんな人がいろんな意見を表に出していました。時にはぶつかり合うこともありました。でも、それはそれで大事なことだったと思うのです。

いまの社会は偽善者が多くて、変に博愛的になっているようです。物言わぬ世の中になっている。きれいごとを言っていればとりあえずは非難されない、という風潮で、なかなか本音が出てきません。その風潮を障害者は「自

分たちをかばってくれている」「理解してくれている」と誤解して、それを逆手に取っている部分があると感じます。

そこで起こるのが「自分たちに優しくしてくれない人は悪い人、理解のない人」という短絡的な思考です。何かトラブルが起きると「あいつは、まったく障害者を理解していない」という言葉が飛び交います。そのことを注意すると、児童・生徒だけでなく視覚障害者である教員からもシャットアウトされてしまうのです。

どうすれば相互理解は進むのでしょう。

やはり原点は「同じ学校、教室に、障害児がいる」という体験と経験ではないでしょうか。それが相互理解を育てると思うのです。

「障害は、負」という意識が、社会にも障害者を育てる親自身にも染み付いています。ですから、その負の人を「保護してやることがとても善いことだ」とみんなが思いこんでいるのです。それが何となく当たり前なことみたいになっていくわけです。

思いが強くなりがちな障害者の親は、どうしても権利を主張しがちです。障害者の親は「親の会」を作り、行政にこうしてほしいなどと働きかけをする。そうすると、行政は動かざるを得ないわけです。行政も「いろいろ言われるとうるさいから、先にやっちゃおう」と思う。そういう感じで、いまの行政は動いているのかもしれません。

みんながうまくいく方法というのはどういうものなのでしょう。行政が一枚嚙んで、決まりを作ったり、整備したりすればいいのでしょうか。一番大切なのは、その障害者のことを一番理解している人々がいて手の届く環境をつくり出すということ。つまり、行政頼みにするのではなく、「自分の居住している地域のなかでその子を育てられるか」「親自身がそういう思いでいるか」ということが基本だと思います。

▼地域で育てよう

例えば、私の家の近所にあるコーヒー屋さんの息子のB君は障害者です。B君はお父さんが経営するそのコーヒー屋さんで働いています。つまり社長の息子なわけですが、コーヒー屋さんの従業員は、B君がいい加減なことをすると、障害者だからと遠慮や情けをかけずに、「何やっているんだ！」と言って、まるで我が子を叱る親のような愛情と気さくさで、時には叩いて諭すこともあります。

そのなかで、彼は仕事を覚えて、ちゃんと働いています。

B君は地元中学の心障学級に通っていたのですが、そこで、区だけでなく東京都でもスパルタで有名な先生に育てられました。その指導法をめぐっていろいろ問題もありましたが、私がその先生に共感したのは、「障害者にだって、悪いことは悪いと教えなくてはいけない」と、しっかり志を持っていたことです。そして「やっぱり障害者は地元で育てなくてはダメだよ」という発想でした。その先生の働きで、いままでなかった障害者の作業所が区にもできたのです。

いま日本という国全体が、過保護になっていると感じます。「困ることがないように、気持ちよく過ごすために」と、障害者に保護を与え過ぎてしまったり、なんでも整え過ぎたりしています。その環境が、一番悪いのだと思うのです。これは障害者だけにとどまらず、老人介護問題やホームレス対策も同じだと思います。

行政も口を出し過ぎです。もともと自分たちの土地や、住んでいるところですし、これまでも地域でやっていけることを「行政を通さなければ」みたいな感じになってきています。例えば、ドブが臭いと言えば、ちょっと前まではみんなでドブ掃除をしよう」と町内会や地元の人たちがサッサと動いたものです。でも今は電話1本で区役所にドブが臭いと報告します。もし勝手に側溝の蓋《ふた》を開けて、何かがあったら大変だ。あとで何か言われたら嫌だ。「じゃあ、やめちゃおう」となっていく。一言、隣の人に言えば済むことを、

いちいち警察に言ったり、役所に言ってどうにかしてもらおうとするわけです。地域の会話もなくなるし、みんな他人のことに関心を示さなくなることで、人と人との繋がりも薄くなっていくのです。

東日本大震災や、洪水などの災害の報道を見ていても、行政よりも村や町の自治機能がしっかりしているところのほうが、復興が早いことが分かります。

結局、いまの日本人はみんな自立をしていないということなのでしょう。なんでこうなっちゃったのでしょうか。行政まかせではなく、大人も子どもも自立とは何かを考えなければいけないのに……。

自立させるための一番の方法は「手をかけ過ぎない」ことに尽きます。そしてまず自分が生まれ育ったところで、しっかり生きていける子に育てる。その土地や人の「縁」、そういうものを大切にできる心を育てなければダメです。それを育てないで、どんなに障害理解だとか、インクルーシブだとか言っても、何にも意味がない。表層のデコレーションにすぎないのです。

自分の地域に、学校に、障害のある子がいる。すごく大事なことですよね。見れば、どういう子か分かる。接すればどういうことかも分かる。地域のお祭りやイベントでそういう子と知り合って、悪いことがあれば周りも叱って。そういうことから相互理解ができるのです。

実際に見れば分かることとって、たくさんあるのです。インターネットで障害者を検索すれば、確かに説明も画像もあるかもしれない。でも、それは目の前の人ではないのです。触ることもできない。障害があるといっても、その程度は一律ではありません。今の人たちはそういうことをネットで調べただけで、知ったつもり、分かったつもりになっちゃうのですね。だから、実際に障害者に会うと、かなりショックを感じるようです。介護体験生の多くがレポートに「全然思っていたのと違った」と書いてくるのです。もっと世の中に野放しにしてほしいのです。障害のある人たちを。

▼「ありがとう」で世界は変わる

いま障害のある子のお母さんたちは、現代の擁護された社会のなかで子どもを育てています。だから「してもらっている」という感謝の気持ちが、すごく失せていると思うのです。

先日、カーブしている道で、車椅子に乗った女性が横を歩いていた女性の足に思いっきりぶつかっているのを見ました。本人は「すみません」とも言わず「なんで私が通るのに、そこにいるのよ」みたいな顔をしている。ぶつかられたほうも「ああ、嫌だな」と思いたくないし、言えないのでしょう。周りの人もみんな黙っていました。でもぶつかられたら「嫌だな」と思うのは当たり前。私は「言っちゃえばいいのに」と思いながら見ていました。それにぶつかったら「ごめんなさい」が当たり前です。本当にその一言を言えない障害者が増えていると感じました。

社会を円滑にするには「すみません」の気持ちと、その一言があるかないかです。私は背が低いから、買い物をしていてもしょっちゅう棚の上にある物を人に取ってもらわなければならないのですが、その時に必ず「悪いねえ」と言います。私は左耳が聞こえませんから、歩く時は必ず相手の人の左側にいきます。友人たちも聞こえないことを知っていて、私の右側に来てくれますが、まれに忘れて左側に来てしまうことがあります。その時に、「ごめん、左側聞こえないよ」と伝えます。そうすると友人は「ごめん、つい忘れちゃった」と場所を変えてくれるのです。お互いに付き合っていくうえで、こういうやりとりって必要だと思うのです。

車椅子の人だって、もっと人を使っていいと思うんです。物を取ってもらっても、道をどいてもらってもいい。でもそこで「悪いですね」「ありがとう」と思って、口にしなければならない。それが障害者にはあまりない気がしています。だから私は学校でも講演でもしょっちゅう言っていました。

「このままじゃ障害者、嫌われ者になるよ」

と。無理に感謝しろとは言いません。でも相手は本来、やらなくてもいい

ことをやってくれていたりするわけです。道を譲ってくれるのも、棚に手を伸ばして物を取ってくれるのもそう。そういう周囲に対して本人も親も「ありがとう」「すみません」という気持ちがあればお互いが気持ちよく、やっていけると思うんです。

単なるリップサービスであってもいいのです。でも、手を貸してくれるのが当たり前だと思っていたり、悪い時には非を認めて謝ることもできないと、そばにいる人たちも引くと思うんです。表面上は優しいふりをしても、心は引いている。私は「いまの社会はものすごく偽りの世界だな」と感じています。

▼過剰な優遇ってどうなの？

以前、特別支援学校の副担任をしていた時のことです。卒業遠足でディズニーランドに行った時に担任の先生が「障害者は別の入口から入れるから、そっちから入りましょう。待たないで済むから」と言うのです。知的障害があっても、一般的な常識で動ける普通の子たちなのですから、私は「いやです。ほかのお客さんが待っているのに、なぜこの子たちを特別扱いするんですか」と言いました。

そこで生徒たちを待たせて、担任と話をしました。私の受け持っていた生徒たちは30分くらい平気で待てるのですが、障害者手帳を持っていれば、それだけでほかの通路から待たないで入れます。

動物園でもパンダの檻《おり》の一番近くまで行けるのは車椅子の人たちです。小さい子どもたちが背伸びして後ろから見ているのに、車椅子だけほかのところから前に入れる。もちろん混雑時にはそういう配慮も必要でしょうが、いつでもそうしているのはおかしいでしょう。みんなも口には出さないけれど「おかしいな」って感じていると思うのです。なぜもっと臨機応変にできないのか、と。

いま妊婦さんがマタニティーマークをつけることを嫌がる人もいるのだそうです。つけていることで悪意のある人から嫌がらせをされたり、危険な目

にあったりするとか。これは障害者が特別視されている状況に対する社会の視線と、繋がる問題だと思うのです。

私は生徒によく言う言葉があります。

「視覚障害者のプロになりなさい。歩き方一つ、食べ方一つ、整理整頓一つ、視覚障害者でもきちんとできるということを分かってもらおうよ。大学に行き、社会に出たって周りから弾《はじ》かれちゃう生活じゃつまらない。やってもらうことに慣れるな！　視覚障害者でもできることを見せようよ！」

そのために、私たち教師が、常に普通の感覚を持ち、指導に当たらなければいけないのだと思います。そのためには、時には追い込んでいかなければならない厳しい指導も必要なのです。

教えて！原田先生 5

Q

新たに不登校になる小中学生が増えています。文部科学省の調査によると、平成26年度（2014）の新規不登校者は6万5000人です。不登校にならないためにすべきこと、不登校になってしまった時の対処法はありますか。

A

不登校になる場合は、学校の問題と家庭の問題に分かれると思います。学校の問題である場合は、いままで登校していたのに来られなくなってしまった、小学校であれば担任、中学校であれば担任と教科の先生が児童・生徒の変化に気づけないことで起こることが多いのです。

原因は、普段から生徒の言動への注意ができていないから。一つの例として、出席をとる時に呼名をし、児童・生徒を見て出席をとっている先生ってどのくらいいいますか？

いま児童・生徒が出席簿係りになっている場合が多いようですが、なぜ出席を担任がとる必要があるのかを考えてほしいのです。

返事の仕方や児童・生徒の動き、普段は「はい」なのに、「はーい」となったり、返事がなくて寝ていたりという変化を見逃さないためです。出席を担任がとっても名前を読んで顔を見ない。小さな変化をキャッチできない先生がいまは多いのです。変化があったら、「昨日お母さんとケンカしたの？」とか「朝ご飯食べたの？」とか、一言でも二言でも声をかける。児童・生徒も声をかけられることで、見ていてくれる人がいるっていう気持ちになるものです。そういうふうなことを先生たちが言葉をかけられない。だから年々不登校が増加しているのです。

行政がカウンセラーを入れるというのもダメなんですよ。たまに来るスクールカウンセラーに何ができるというのでしょう。

一声かける、その一声から問題が分かるし、対処していかないといけないこともある。ここっていう時に瞬発力がないと教員はダメですね。後にしようという時にはタイミングを逃しちゃう。

公務員の先生というのは24時間教育公務員なんですよ。そこで電話に出

教えて！
原田先生
5

なかったから自殺しちゃう子だっているかもしれない。お母さんやお父さんとケンカして刺しちゃう子だっているかもしれない。逆だってあるかもしれない。忙しいけど、早期に発見、対応する。必要な時に必要な言葉とヘルプができれば、不登校の数は減っていくはずです。カウンセリングがダメなのは、それがうまく機能しないから。カウンセリングはあくまでも聞くというのが基本。指導はできないのですから。

第6章

よい先生、悪い先生

- 教育ネグレクト
- ベテランと若手が組む大切さ
- 主幹制度に物申す
- キレる子、キレる若者をつくらないために
- 仰天先生
- 自立への四つのカギ
- 「優しい人」にならないで
- 特別支援教育コーディネーターなんて、いらない
- 特別支援学校教員の実態
- 「教員免許のため」に成り下がっている介護等体験を通して

▼教育ネグレクト

一人ひとりの「奇跡の人」を育てているのが親であるならば、その奇跡の子を預かり育てていくのが教師の仕事です。教師、先生という呼称がつくと、偉くなったような錯覚を起こし、教える、教えてやるのだということに目も心も走ってしまいがちです。本当に教師、先生という仕事は偉いのでしょうか。

どうも勘違いして教えている先生が昨今は多くなっているように思います。学校はできないことをできるようにするために生徒が来るところ。教師の仕事はどう学ばせるのか、学ぶ喜び、知る喜びを教えることではないかと思っています。

また、勘違いをしている先生のなかには、できないことを生徒の能力や障害のせいにしてしまう人もいます。できる生徒ばかりなら、私たちの教師という仕事はいりません。できない生徒がいるから私たちの仕事が成立し、それを教えられないのは自分たちの指導力のなさです。そして、教える努力をしないのは教育ネグレクトでしょう。第6章では、私が現場で見たよい先生、悪い先生について書いていきたいと思います。

▼ベテランと若手が組む大切さ

日常の学校生活や行事を通して、先生同士が何を伝えていくことが生徒を生かすことになるのか。さまざまな場面で先輩先生から若手へと繋げていかなければならないのですが、いまの教育現場では皆無に等しい現状があります。

一例として遠足や移動教室、修学旅行等の実地踏査（実踏）をあげてみます。かつては先輩と若手が組み実踏へ行きました。通常の学校であれば、どこに集合させ、時間はどうするかから始まりトイレはどうか、雨天だったらどうするか、食事場所では全員で食べられるかどうか。宿泊を伴う場合は風呂の蛇口はいくつあり、脱衣所の様子はどうか。一般客も利用する宿泊施設なら時間帯をどうするかなどを考慮しながら交渉します。

それに加えて特別支援学級・学校の場合には、車椅子を使う生徒がいればスロープや階段、エレベーターの確認。病弱の生徒がいれば宿泊施設と医療機関との連携の確認。刻み食の生徒がいれば施設や宿泊先に対応してもらえるかを打診したり、暴れたり奇声を発する生徒がいる場合はほかのお客様や生徒と少し離れた場所に部屋が確保できるか、トイレは和式か洋式か。また、外での食事の場合、刻み食のためにキッチンばさみを使える食器にしてもらえるか否か。

見えづらい生徒が分かりやすい表示がしてあるか、していない場合は当日、分かりやすい表示を貼ってもよいかどうか。寝床はベッドか布団か等。これらのことを事前に話し合い、何を確認し、交渉してくるかを考えてから実踏に行っていたはずでした。

しかし、昨今の実踏では予算の都合上、実踏は一人しか認められなかったり、学校によっては中堅の教員が学校を留守にすることができない状況があるため初任者が多いのです。

生徒をどうするのか、どう成長させたいのかという視点に立っての計画・立案ができていないと感じるのが現状です。勤めて2~3年目で学校や授業にやっと慣れてきたころ、実踏の担当になった若手の先生は行事を通して生徒をどう育てるかという視点よりも、とにかく現地へ行って報告をしなければならないということに気持ちが行きがちで、教育・指導視点を持たないまま行って帰って報告すればよいというふうに流されています。その結果どうなるかというと報告の時に「あれは……?」「これは……?」の質問に答えられず、

「聞いてきませんでした。見てきませんでした。後で電話して聞いてみます」

という予算を無駄に使う情けない実踏で終わってしまいます。

また、生徒への事前指導の時に学校予算で行っていることや生徒のための実踏であることを忘れ、プライベートな画像がDVDに映っているのを平気で見せてしまったりと遊び感覚で実踏を考えている先生がいます。もし、こ

の実踏の時に先輩の先生がいたらこんなことは起こらなかったと思います。そして、その時に多くの先輩先生が過ちを指摘し実踏の意味をきちんと教えることができたかできなかったのかが問題になってきます。しかし、残念なことに仕事が分業化され、行事に関しても先生同士の切磋琢磨《せっさたくま》もなく意見を交わすことも少なく、「担当が決めたのだからそれで良いのではないですか」という風潮のなか、仕事の核である生徒が忘れ去られて、行事という名ばかりの学習が残っています。

ベテランと若手が組み、交渉の仕方や確認事項の抜粋の仕方を一緒に考え、実地経験を通して若手の先生に生徒を見る、育てる視点や観点を気づかせていくということが学校現場から失われています。

「行ってきたからいいでしょ」「報告はしたからいいでしょ」。担当の仕事はしてきましたからという「やればいい」だけの仕事のやり方では、誰のための実踏なのか行事なのか分かりません。

行事を通して生徒の何を伸ばすのか、生徒の気づきを引き出してあげられるのか。このことを忘れて、気づかない学べない先生が増えているのは残念なことです。

さまざまな行事や場面で先輩先生が伝えるべきことを遠慮なく伝えていく努力を怠っていては教育現場が良くなるはずがありません。また、若い先生方も大学のサークルや部活と同じような人間関係のなかでしか話を聞かない、話せないようでは、自分の価値観以外の価値を認められない視野の狭い先生になってしまいます。

ベテランはベテランとしての、ちょっとしたさじ加減や生徒の学ばせ方を見せ、そして語り、若手はそのなかから自分なりの気づきを見つけ出してほしいものです。双方が授業だけでなく給食指導や行事、部活動等を通し、バランスよく協働していくことが現場においてとても大切だと思うのです。

なかには、一生懸命な先生もいます。いるけれど、その先生を援護する先生がいないのです。学校の組織的な問題にもなってしまうのですが、昔はとてもシンプルで、校長先生がいて教頭先生がいて、ほかはヒラ社員である先生たち、そのヒラ社員のなかから主任を選んでまとめていました。東京都では2003年に「主幹制度」ができてから、校長・副校長（教頭）・主幹・主任・ヒラ先生という形で細分化されてるため、いまはやたらと役職が多いのです。

▼主幹制度に物申す

本来ならば主幹は副校長の補佐をする、主任は主幹を助けるために機能するはずなのですが、実際にはそうした互助機能はなく、単なる役職になってしまっています。逆にヒラである先生たちにとっては、

「主任がいるのに、主幹がいるのに、何で私たちがやらなきゃいけないの？」

「自分がやらなくても、上がやってくれるはず」

という「逃げ道」になってしまっているのです。みんなで学校を良くしていこうという思いが、一人ひとりの先生になくなってきているのではないでしょうか。なにか問題があっても、

「じゃあ、ちょっと主幹に言っておくよ」

「副校長に言っておくよ」

となってしまうのですから、

「言ったんだから、そのうちやってくれるでしょう」

となってしまうのも当然でしょう。自分の責任はなくなってしまうわけですから、一生懸命な先生は現場で何かしたいのに、なかなかその許可が下りないというジレンマにも陥るわけです。

ベテラン教師が一生懸命に、「教育って、そうじゃないよ」と若い先生たちに伝えていこうとしても「いいじゃないですか、今年度は終わっちゃったから」という軽いノリです。「すみませんでした」と言うから、反省をして次年度に活かすのかな、次の機会に活かすのかなと思うと、決して活かしません。終

われば、終わりで継続がないのです。一生懸命にがんばろうとしている先生も、これを繰り返していくと、空回りをして、どんどん疲弊してしまうのです。だからいまの先生たちに、私は不安と憤りを感じているのです。

▼キレる子、キレる若者をつくらないために

例えば、どうしても暴れてしまう重複障害の子がいるとします。噛みついたり、蹴ったり、頭突きをしたりしてくるので、その子を止めるだけで毎日が戦争になってしまう。先生は確かに大変です。

でもその時に「この子はこの後、どういうふうになっていくんだろう」と考えてみてください。例えば卒業後、その子は施設に行くかもしれない。作業所で仕事をするようになるかもしれない。そこでやりがいのある仕事や、友人に出会えるかもしれない。でもそこで暴れたら、もうそこに行けなくなってしまう。「だから暴れたらいけないんだ」――それを教えることが「教育」

だと思うのです。

　でもいまの教育は教えるのではなく、「暴れさせないように」とぬるま湯につけてしまう。何かをさせようとして暴れる子に「いま動きたくないなら、動きたくなるまでそこに置いておきましょう」となる。それじゃあダメなのです。

　その教え方では、その子は何も学びません。暴れたらどうなってしまうのか。暴れた時にどう自分の気持ちを落ち着かせればいいのか。それを教えなければダメなのです。重複の子だって、ちゃんと学べるんです。でも、それをやる人がいない。一生懸命に学ばせようと体当たりで頑張っている先生に対して周りの先生は「何も、あんなにやらなくってもねえ」と思っている。

　障害のない子どもたちだって同じです。「キレる子ども」「キレる若者」をつくらないために、自分を抑える方法を先生たちが学ばせなくてはいけない。それが先生の仕事だと思うのです。

　重複の子にそうやって授業をしていると「もう少し、優しくしたらどうか」と校長先生や副校長先生にチクるような、内部告発をする先生たちもいます。

そういう先生は「自分たちは暴れさせないご機嫌取り〝教育〟をしているんですよ」という、間違った方法のアピールをして、上を納得させるんです。これでは、教育は死んでいきます。

日本国中が過保護社会になって、子どもたちを「静かに、そーっと、触らないように」教育する。こうして子どもたちの声がしない社会ができていくのだろうと思ってしまいます。

先生全部がダメだとは言いません。こうした状況にジレンマを感じて、静かに怒りを燃やしている先生たちもいます。自分たちだけではダメだから、管理職の先生も巻き込んで「この状況を、なんとかしませんか」と思っている。でも、管理職の先生たちがまず疲弊してしまっています。

いま管理職が若い先生にちょっとでもパシッとものを言うと「パワハラだ」となってしまいます。だから管理職はできるだけズケズケと言わずに、言葉をオブラートに包んで伝える。でも、そうすると若い先生は、何を言われているか分からない。言い回しから読み取る、行間を読むということが、いまの若い人たちはできません。その言葉の見えない部分に含まれているものを「なんだろう」と思ったり、察しようともしない。そういう訓練ができていないのです。

私が盲学校に赴任した時に、小林一弘さんという先生がいました。ほとんど全盲に近い弱視でしたが、点字の翻訳や教科書の編集に長年携わり、勲章をもらっているような方でした。

点字で大変なのは「分かち書き」という独特の方法です。「さつまいもごはん」とある時に、「薩摩　いも　ご飯」なのか、「サツマイモ　ご飯」なのか、どこで単語を切るかで意味が違ってしまうからです。

小林先生は、そういうルールを作った方たちの一人でもありました。でも私はいい加減なので、ルールもなかなか憶えないし、「点字を打つのは面倒くさい」と文句ばかり言っていました。

そんな時に小林先生が言ってくれたのです。「原田さん、そんなにルールばかり考えなくていいんだよ。普通の墨字だって前後の文を読んで意味を捉えるでしょう。点字だって同じなんだよ」と。「墨字にも点字にも文法やルールはあるけれど、その通りにやらないと意味が通じないということではないでしょう。気持ちが通じればいいんだよ」と。私はそれから点字に嫌悪感がなくなって、せっせと打てるようになりました。

言ったこと、書かれたことをそのまま受け取らない。ルールにばかり囚われずに、行間を読む、気持ちを読み取ろうとすることはとても大事なことなんです。

▼仰天先生

盲学校にいた時、音楽を受け持っていたD先生という女性がいました。自身も弱視で、教員免許を取って2年くらい、24歳くらいだったでしょうか。

ある時、D先生は調理実習で、生徒たちに料理を教える担当になりました。

私はD先生は弱視のため事前に調理実習の予習をしておかないと手際が分か

らないと思い、D先生とスポンジケーキを作りました。レシピに卵半分と書いてあったので、私はD先生に「卵を半分にしてください」と言ったのです。

さあ、みなさんならどうやって卵を半分にしますか？

D先生はボールに卵をそのまま割り入れて、キッチンばさみで半分に切ろうとしたのです。ゆで卵ではありませんよ、生の卵です。私はD先生が何をやろうとしているのかまったく分かりませんでした。

D先生は自分が通っていた盲学校や家庭で、調理経験がなかったのです。

「いままで家で料理をしたことがないの？」

と聞くと「ある」と言うのですが、それはサラダでした。レタスをちぎっただけなのです。ご飯は保護者が作っているのだそうです。

私はD先生に言いました。

「盲学校は生徒に自立をさせる場所。そこに来た先生が何もできないのじゃ、困るでしょう。だから先生だってやらなきゃダメだよ」

そうしたらD先生からの返答は、

「私は特別支援を教える教員ですから、教員も特別支援を受けられるものだと思って来ました」

でした。これには、あきれ果てて、怒る気も起きませんでした。

別の授業で男子生徒に茶碗蒸しを作らせた時も同じでした。「卵を溶いてください」と言ったら、その子は卵をボールの中にそのまま入れて、卵を割らずに箸でかき混ぜたのです。それを見た時に、いままで小学部、中学部の先生たちは、この子に何を教育してきたんだろうと思いました。卵を割らせることすら取り上げて、どうやって将来その子が自立することができるのでしょうか。

D先生は特別ではありません。きちんと教わらずに育ってきた子どもたちが先生になり、子どもたちを教えるのですから、こうなってしまうのです。

盲学校高等部には専攻科というコースがあります。鍼・按摩・マッサージなどを教える先生は自身も全盲の場合が多い。みなさん、その筋では優秀なのです。でも教育課程を学んでいないのでマッサージの方法は教えられても、しっかりと生徒を指導することはできない。なかには生徒にやたらとボディタッチをしたり、セクハラまがいのことをする人もいました。そこまでいかないまでも生徒に迎合し、生徒が先生を「ちゃん」呼ばわりしても注意することもしない人も。自分は人気がある、生徒に受け入れられているという勘違いをしているのか、生徒が怖いのか。専攻科は即就職に結びつかなければならない生徒ばかりです。「立場」を教えることも指導の一部であることを忘れています。注意しても「生徒を理解して仲良くしているのに、何が悪い」と開き直ったりするのですから困ったものです。

　これは、あるお母さんが教えてくれた話です。某盲学校で行われた視覚障害の研究授業を参観した時に、朝の会で自分の着ていた服を自分でロッカーに仕舞うという課題があったそうです。その生徒は畳まずにグチャグチャのままロッカーに押し込み、洋服はロッカーから落ちてしまいました。その時に、女の先生は生徒に状況を伝えるのでもなく、注意する言葉がけもせずに、自分で洋服を拾い上げロッカーに納めたそうです。そして服の畳み方を教える時に、生徒の前で胡座《あぐら》をかいて指示しました。

研究授業でありながらこの有り様です。普段の様子が見えてきます。そして、その先生に教師としての姿を注意する先輩教員がいないことが分かります。

見えない見えにくい生徒への指導の観点、視点、この生徒をどう世の中に送り出すための指導なのかを伝承していないわけです。ひょっとしたらこの先生は、注意されても聞かない人だったのかもしれません。または、してあげている自分に酔ってしまっているだけかもしれません。

参観したお母さんは、

「最初からこの子はどうせできない、教えても分からない。形だけはできているから偉い。どうせ見えていないのだから、こちらの姿勢は適当で構わないのだろうと子どもを馬鹿にしているとしか思えなかった」

と質疑応答の時に、勇気を持って苦言を呈したそうですが、その先生の返答は、

「ハア……」

でした。教師以前に人としての心のありようにです。

きっとこの先生は指導という意味が分からずに働いているのでしょう。そして本質的に障害のある子は「できない」という差別感があるなかでの対応ではないかと感じます。生徒の可能性を探り、見つけ出して導いて行く努力を惜しんで形だけ整えればいいと考えているのならば教師とは言えません。

▼自立への四つのカギ

このいくつかの例は、特別なことではなく、情けないことですが教育の現場には日常的に起きていることです。これは生活しづらい視覚障害の生徒を教員が二次障害にしていることに繋がります。できることを増やすのではなく、できていることもできなくしてしまう偽善的手助けでしかありません。

ある年に担任した中学1年生の保護者に、子どもを一人で歩かせる訓練をしているお母さんがいました。子どもと一緒に登下校して練習をし、失敗すると白杖を叩いていました。ある朝、お母さんに「毎日お子さんと大変ですね。でも、白杖を叩くのは痛くないですかねえ」と声をかけたのです。するとお母さんが「実はね」と話してくれました。

その子は盲学校の小学部で歩行の専門の先生から「この子は一生、一人では歩けない」と言われたのだそうです。でもお母さんは納得しなかった。「この子を絶対に一人で歩かせてみせる！」と、ずっと訓練していたのです。「中学の3年間で一人で歩けるようにさせて、高等部に行かせたいと思っている」とお母さんは言いました。そして実際その子は1カ月で歩けるようになったのです。

おそらくそれを言った先生は、指導力がなかったのと、めんどくさかったのです。その子に歩行をどうやって教えていいのか分からない。それを自分の力量のなさとはせずに、「おたくのお子さんの障害のせいだ」と言ったのでしょう。でも親としては自分の子どもの可能性を否定されるのはたまりません。そしてその子は努力して歩けるようになりました。やればできることは、たくさんあるのです。

視覚障害者の自立には、まず自分で移動できるかがカギになります。加えて排泄と食事、それに挨拶《あいさつ》。その四つができれば、社会で生きていく基本的なことはだいたいクリアできます。それを教えるのが学校なのに、障害児教育の現場ではそれがきちんとなされていないと感じることが多くありました。

例えば、食事の仕方。盲学校からあがってきた子どもたちは正直、マナーがなっていないのです。お皿に顔を近づけてそのまま食べる「犬食い」や、舌を出してすくって食べる「猫食い」をする。「盲学校の小学部ではいったい何を教えてきたんだ！」としょっちゅうケンカになりました。

なぜそうなってしまうのか。先生が「児童・生徒をどう育てたいのか」、その目標や目安を立てていないからです。障害児を「可哀そうな子」「不憫《ふびん》な子」と思い、「やってあげる」教育をしてしまう。そのほうがラクですし、それをしてあげている自分は決して悪い人ではないと感じられるでしょう。子どもを叱ることもなく、障害のある子にとって「優しい人」でいられます。これでは先生が児童・生徒をペットにしているようなものです。保護者もそこの学校、そこの教育しか知らないので「そういうものだ」と思ってしまうのです。

▼「優しい人」にならないで

2012年に中学校学習指導要領が改訂され、武道・ダンスが必修となりました。そのためか、いまはどこの学校の体育の授業でもダンスが流行です。ダンスをするのは、確かに楽しいし、私も好きです。でもそれを教える時に「どうしてそういう動きになるのか」が抜けているのです。形だけ真似《まね》してダンスをするから、回転しただけでひっくり返って、怪我《けが》をしてしまう。でんぐり返しで骨折をする。体育とは本来、体の仕組みを知り、自分の身を守るためにやるものなのに、いまの教育では、そういう基礎が抜けてしまっています。

いま公園の遊具もどんどんなくなっています。アスレチックやジャングルジム、登り棒などが危険だとして排除されています。

でも子どもは少々の怪我をしてもいいのです。小さい怪我をたくさんしたほうが経験になり、本当の危険を回避することになるのですが、そうせずに障害や危険を取り除き、大人がすべてをお膳立てしてしまっています。このことが障害のあるなしにかかわらず、すべての子どもたちをダメにしているのです。

いまひょっとすると、この世の中で教育界が一番甘いかもしれません。「子どもを指導できない」「導けない」「学ばせられない」。そういう先生が、とても多くなっていると思います。

いまは個人一人ひとりの権利意識がすごく強い時代です。何かを言うとセクハラやパワハラになる危険性もある。そのために自分の保身に走る人がたくさん増えています。先生も同じです。保護者に何か言われないように危ないもの、危なそうなものをすべて排除していく。そんなことで、子どもを指導することなんてできるのでしょうか。

そうして危ないものを排除していくと、子どもたちは人の痛みが分からない人間になってしまいます。このことを「後天性無痛症」と私は言っています。私は盲学校の生徒の保護者に、よくお願いをしていました。見えない子たちに「危ないから」とやらせないと、痛みがどういうことか分からない。人の痛みも分からない子たちになってしまう。「危ないよ」と知らせて、その経験を見守ることも必要です。同時に子どもたちが「まずいな」ということをしたら「ひっぱたいてもいいんだよ」と。ただ、その時にただひっぱたくのではなくて、納得させる説明を加えることも忘れずにしてください。

▼特別支援教育コーディネーターなんて、いらない

心障学級の担任をしていた時に、特別支援教育コーディネーター研修を受けました。特別支援教育コーディネーターとは、簡単に言うと困っているお子さんがいる時に、どんな学校があるかを紹介し、選択する際のアドバイスをしたり、どんな支援を受けられるかを紹介したりする役割です。一定期間

講習を受けて証書をもらい「コーディネーター」として肩書きを持つことになります。

コーディネーターとして単独で位置づけられている学校もありますが、多くは学校に所属して、学校の校務分掌のなかで生活指導などを兼務する。問題を抱えている子が入学する際、コーディネーターが願書と一緒に送られてきた調査票を見て入学相談をしたり、親との面談をしたりします。

講習を受けてみて「違うんじゃないかな。コーディネーターなんて肩書きだけで、本当は必要ない」と私は思ったのです。こうした仕事の細分化が、そこに関わる人たちの気持ちまで細分化していると感じます。

コーディネーターはいろいろな障害のことも分かっていなければいけません。病院の体制も知っていなければ連携は取れませんし、そのために研修などでコーディネーターが学校現場から離れることが多くなると、逆に学校現場が見えなくなる。そうなるとそもそも学校が求めているものと、コーディネーターの役割がズレてきてしまう。

実際のところコーディネーターなんていう肩書きは必要なく、担任や進路指導の先生などがその子をちゃんと見ていけば、できることです。保護者と話す機会も、担任のほうが圧倒的に多い。コーディネーターが入ることによって、逆に保護者が身構えてしまうこともあるんです。発達障害の子はいま通常の1クラスに2～3人いると言われています。通常のクラスに子どもを通わせている親が「うちの子、ちょっと心配で……」と相談する時に、その相手はやはり担任だったり、養護の先生だったりすると私は思うのです。

自分の子に障害があるかもしれない。その不安や疑問を話すのは、保護者にとって相当な勇気がいることです。でもそこにコーディネーターという役職が入ると、どうなるでしょう？　勇気を振り絞って担任に相談したお母さんが「コーディネーターに言ってください」と言われたら、どんな気持ちになると思いますか？

逆に担任は「コーディネーターに頼ればいい」と、どんどん自分の仕事の重さが分からなくなってしまう。人様の子を、学校という場で「預かっている」

という意識がなくなってきてしまうと私は思っています。

仕事の細分化と同時に気持ちも細分化されてしまう。保護者が、

「コーディネーターが『こういうふうにしなさい』と言った」

と言えば、担任の先生は、

「コーディネーターがそう言ったんですから、じゃあ、そうしたらどうですか」

で終わっちゃいますよね。

「私は心障学級の担任として、相談があれば相談に乗るけれども、コーディネーターとしては乗らない」

と言いました。

その当時、アスペルガー症候群の子が通常学級に在籍していて、保護者は「その子をどうしていいのか分からない」と言う。そこで「とりあえず心障学級で見てみましょうか」と、コーディネーターとしてではなく、心障学級の担任としてアドバイスして実施しました。もしもコーディネーターとして関わっ

ていたらこんな流れになります。
①親↓②通常学級の担任↓③コーディネーター↓④心障学級の担任↓⑤親↓心障学級へ

このように、回りくどくまどろっこしいのです。そうではなく保護者が「担任の先生から聞いたんですけど」と直接、心障学級の担任である私に相談に来れば、スムーズに話が進む。名前だけなんていらない、レッテルもいらない。それでいいのではないかと思います。

いまの世の中はライセンス社会なのでしょうね。「そういう資格があればいい」みたいな感じは、手続き社会のマイナス面だと思います。私は好きではありません。

▼特別支援学校教員の実態

2007年から特別支援学校の教員は、通常の教員の免許状のほかに、特別支援学校の教員の免許状を取得することが原則となりました。いままで盲学校・聾学校・養護学校ごとに分けられていた教員の免許状も、特別支援学校の教員の免許状に一本化されました。

これによって東京都では通常学級を教える先生と特別支援の先生との入れ替えが、人事上、難しくなってきています。というのは、特別支援の免許を持っている先生を優先して、特別支援の枠に入れるのです。大学でも学生たちに「特別支援のほうが、採用枠が多いから」と言ってその道を薦めます。学生もそのほうが先生になれる確立が高い。志や特別な思いがなくても「入りやすいからこの分野に入ってくる」先生が増えているのです。しかも給料も特別支援教員のほうが高い。最初から違ってしまいます。

さらに一度、特別支援教員の枠に入ってしまうと、なかなか通常学級への異動ができません。逆に通常の先生は、なかなか特別支援学級に異動できない。

障害を理解する専門性を求めることは悪いことではないですが、双方に行き来がないことはお互いにとって不利益です。特別支援の先生は通常学級がどういうものかを知らないまま、子どもたちを教えることになる。このシステムでは特別支援教育しか知らない、キャパシティの狭い先生を生み出すことになってしまいます。

▼「教員免許のため」に成り下がっている介護等体験を通して

いま教員免許を取得するためには、「介護等体験」が義務化されています。1998年から、7日間介護などの体験を行わなければ教員の試験が受けられないというものです。

私は大学生にその体験をさせる指導教師の立場でもありました。単位のために来ている学生もいます。その場合は最初に、

「その目的だけで来るのだったら、障害者に失礼だから、この場から帰れ」

と言います。実際には、帰った学生は一人もいないのですけどね。単位が

欲しいですから。でもその代わり「残るのだったらちゃんと学びなさい」と指導します。

その指導の時に思ったのですが、いまの学生たちはなんでも目で合図する「アイコンタクト」を使うのです。まったく返事をしない。顔を見ると「ん」という表情をするのです。

介護等体験では、目の見えない人の気持ちにもならなければいけないわけです。アイコンタクトは通じない。だから「ちゃんと声に出して返事をしなさい」と伝えます。それでも声が出ない学生たちにはアイマスクをさせます。そして私が目の前で踊ったり、手を触れたりし、

「何をやっているか分かりますか？　見えないでしょう」

と伝えます。それでも声が出ない学生たちには、黙っていると何も伝わらないことを改めて伝え、声を出させる指導をしていきます。

次に指導するのは、目をつぶってのジャンケンです。やってみていただけると分かると思いますが、これ意外と難しいのです。だって見えないのに「じゃ

んけんポイ」とやっても、そのまま黙っていたら相手が出したのがグーだかチョキだかパーだか分からないでしょう。学生たちはここで、「ああ、そういうことか」となるわけです。そして次には自分の手を「パー」「チョキ」とか声に出して言うようになります。

見えないことがどういうことなのか、多くの人は漠然としか理解できません。それは無理もないのです。「理解して」と言うほうが難しいでしょう。そこで少しでも理解してもらうためには、とにかく体験してもらうことが一番なのです。

研修に来る介護体験生に「なぜ介護体験の単位を取って教員になりたいのか、教師になって何を生徒に伝えたいのか」を質問すると8～9割の子が、

「教員試験に受かるための手段としてしか、考えていませんでした」

という答えが返ってきます。

「生徒を前にした時に何を守るの?」

という質問には返答がほとんど返ってきません。

「生徒を前にした時は、生徒の命を預かり教えている。それが教師としての責任だ。教科を教えるのは最低ライン。そこから何を伝えられるかが教師としての基本だと思う」

と話します。学生はそう考えたことはなかったと実習日誌に書いてきます。知識の押し込みでは面白みのない授業で終わります。そこには学ぶ楽しさは生まれません。通常学級に行けば初任者だろうが担任を持てば30人あまりを相手にする仕事です。教師という仕事をしっかり見つめて責任を持って勤めなければ教師自身が仕事の価値を下げてしまいます。社会に出て頭がいいというのは成績が良いのとは違います。

「小中学校時代とかに障害のある子と触れ合った経験がある?」

と学生たちに聞くと、ほぼ全員が「ほとんどない」と言います。私が子どもだったころには、自分の小学校や中学校に必ず障害のある子がいました。でもいまの社会は隔離してしまっているのですね。いま盛んに「ノーマライゼーション」とか「インクルーシブ教育」とか言っていますが、実際には、障害者をどんどん隔離している気がします。

障害者と触れ合ったこともない先生たちに教えられる障害児たちは、どんな気持ちでしょう。なぜ文部科学省が、この問題点に気づかないのかなと思います。特別支援教育の免許はあってもいいけれど、少なくとも通常学級の担任も、ちゃんと障害児とコミュニケーションがとれるように、もっと行き来をスムーズにしないといけない。

通常学級では学校に教員の空きがない。そんな時に、

「特別支援だったら空いているけど、どうですか」

と言われれば、学生たちは、

「はい」

と言いますよね。早く職に就きたいという気持ちもあるでしょう。

「3年勤めれば通常のほうに行けるかもしれない」と言ったりするけれど、実際に3年経って戻ろうという先生はほとんどいないのが現実です。お給料だって通常に行けば下がります。抱える子どもの数も格段に増えますし、そ

れを一人で責任を持たなければいけない。「このままでいい」と思いますよね。

教えて! 原田先生 6

Q

小中学校の運動会で実施されている「ピラミッド」「タワー」の事故が増えています。自治体によっては組体操の段数制限を設けることになりました。組体操自体を廃止する自治体もあります。

A

愚の骨頂です。恥ずかしいことです。

体育教員の力量のなさがこういうことを起こしちゃったのだろうなと思うのです。運動会や体育祭というのは体育授業で積み上げたものの披露の場でもあるのです。基礎体力とかそういうものも全部含めて。

平素の体育の授業が、競技体育になりつつあるのも問題です。強ければいい、速ければいい、勝敗が分かるようなものでしか教えられない体育教師が増えたのです。一人ひとりの基礎体力を把握しないまま体育祭の種目に取り組むからこういう事故が起こるんです。

実際に、通常で組体操をやる場合、練習を始める時に体育教師が考えた組で練習させますが、それでダメだったら変えることができるのに、いまの先生たちは変えることができない。こう決まっているからそれでいくという形でやっていく先生がいかに多いことか。

無理があったら、変える。生徒を組み替えながら、崩れたり倒れたり、捻挫とか切り傷はしょっちゅうあります。本来は本番にそうさせないためにどうするかということでやっていくわけです。

段の制限を決めること自体がおかしい。その段は市教委が決めるの？　その学校の生徒の体力どこまで分かっているの？　段を決めれば怪我しないって？　違うでしょ。2段だって怪我するんですよ。これはメディアや親から文句を言われないための壁をつくっただけのこと。

組体操の指導をしている体育の先生も必死です。自分の首がかかっているのですから。息を吸う、吸わない、その呼吸一つで狂ってくる。そういうことを見ることのできる体育教員がやるなら大丈夫なんです。なぜ、校長や体育科教員は文句や意見を言わないのでしょう。

教えて！原田先生 6

小さい時から外で遊んだり、怪我をしない程度の悪さをしたことのない子どもたちが、ただ演技として組体操をやってもダメ。本当なら子どもたちの身体能力をどう育てるかに議論がいくべきだと思うのに、どこからも上がらない。体制の安全・安泰を優先した発想です。この発想のなかには児童も生徒もいません。

第7章

死にかけている教育現場のなかで

- 義務教育という制度を変えて！
- 本当に「できる」ということとは
- 文化の伝統や継承に赤信号
- 学校教育と家庭教育
- すぐ行く、すぐ聞く、すぐ話す
- 「ゆとり教育」の弊害
- 「生活科」導入が変えてしまったもの
- 教育は社会の鏡
- 過保護社会がもたらすもの
- 学校教育に関わる人たちへ
- 指導書やマニュアルに頼るな！

▼義務教育という制度を変えて！

義務教育は結局、国民を一律サラリーマン化していきます。行事や休日の組み方もそうです。サラリーマンに合わせた組み方をしているでしょう。昔、魚河岸などは1日と15日しか休みがありませんでしたけど、いまは週休二日に合わせている。かつては体育の日は10月10日でしたが、いまでは10月の第2月曜日にして3連休をつくっています。

日本という国は、その起源や文化を自ら全部捨てている気がします。それが日本をダメにしているのだろうなと、私は思っているのです。

私は、お彼岸の中日である春分の日や秋分の日に公開授業をやるのを、ずっと反対していました。お彼岸はなんのためにあるのでしょう。今、自分があるのはどうしてでしょう。御先祖様にお礼をして供養するその日に、墓参りもできないのはおかしくないですか、と。学校の行事なら、次の週だってできるでしょう、と。

そんなことを繰り返していたら、子どもたちだってお彼岸の意味も分からなくなってしまいます。その祝日には、祝日の意味がちゃんとあるのです。その意味をきちんと伝えないといけないのに、２００８年に東京都教育庁は「日本の伝統・文化理解教育」という方針を出しました。

伝統文化とは、例えば体育の授業で「武道を入れなさい」ということだけでは意味がありません。これでは、もともとの起源、暮らしのなかにある節目の意味、「文化って何だろう」ということを、何も考えていません。

昔、同僚の先生が、自分の子をお彼岸の日の学校行事に行かせなかったと言っていました。子どもがその理由を聞くので、

「だって先祖があるから、いまお父さんがいるわけでしょう。お父さんがいるから、お前がいるわけでしょう。それを幸せだと思わない？　ご先祖様に感謝するために、お墓参りに行こう」

と答えたそうです。学校にもそのように理由を伝えて行かせなかったと言っていました。私は、それは正しい判断だったと思います。

一部ですが「海外旅行に行くから、学校を休ませます」という保護者もいました。私は言いました。

「別に構いませんよ。ただし振り替え授業もしないし、欠席扱いになります。クラスでも『お休みです』と伝えますよ」

すると、その保護者は、

「それじゃ、困ります。うちの子が休んでいることを、非難されないような体制を作ってほしい」

と言うんです。いったいどういうことでしょう。欠席扱いは困るし、振り替え授業をしてほしいというわけです。

最初は、言ってみようかなという気軽な気持ちで親が言ったのでしょう。ところが、学校もそれに応じようとしたりするのがいまの義務教育の現場です。親の意見や希望はどんどんとエスカレートしていきます。

当たり前に慣れてしまうと、多くの人は努力をしなくなります。学べる環境が当たり前といういまの日本の義務教育制度もそうでしょう。ですから私

は中学までの義務教育をなくしてしまうのが一番だと思っているのです。「極論だ」という人もいるかもしれませんが、本当に勉強したい人が学校に行く権利は残しておいて「全員が行かなければならない」というのは、なくていいと思うのです。

私はいまの教育制度は一度、見直したほうがいいと思っているのです。義務教育でなく権利教育で、本当にやりたい人が学ぶ。本当に先生になりたい人が教える。そういう方向に持っていかないと、教育はこのままダメになるのではと思っています。学校の名前だけでは生きていけないのが社会です。「○○大学を出た」ということで学歴を盾に生きていこうとする若者も多いけれども、「じゃあ、何を学んだの」と言うと、何もできていないことも多いものです。

▼本当に「できる」ということとは

生徒たちと、「本当に〝できる〟ということは何だろう」「自分で自分の一生を考えた時に、自分でやることって何だろう」というテーマを考える時に、よく話して聞かせるのが三味線屋の息子さんのエピソードです。

私が通常学級で教えていたころ、三味線屋の息子さんが私の受け持ちの学年にいました。ものすごく頭が良い子で、学区内の高校のどこを受けても受かる、私学だってどこでも一発で受かるよ、というような子だったのです。

彼は「自分は長男だし、三味線稼業を継がなきゃいけないと思っている」と言いました。「勉強はどこでもできる」と。でも三味線の皮を張ったり弦を張ったりするのは、歳を取ってからよりも今がいい、と。お父さんに「継げと言ったの？」と聞いたら、「言ってないけど、本人がずっと小さい時から、そう思っているんだ」と言っていました。

彼は高校に行かず「修業に出る」と京都に行きました。そこで三味線作り

の修業をして、それをやっているうちに三味線の胴に張る布地の友禅にも興味を持って、そちらも勉強しました。興味を持つということは、学びの領域もどんどん広がります。そうして自然に関心が広がり学んでいくことがどれだけ有意義なことか。存分に学んだ彼は、いまは帰ってきて家業を継いでいます。

「学ぶ」って、そういうことだと思うのです。みんなが一律で、プレタポルテを作っても面白くないでしょう。没個性になってしまいます。学校で頭が良いか、悪いかは、勉強ができるかできないかだけ。それは生きていくということとは違うんだぞ、と。

中卒だからと卑下することもない。自分で選んだ道なら、それでいいのです。

「夜学を出て恥ずかしい」という子には、

「何で恥ずかしいの？　先生の家のそばにはね、東大を出てそば屋の出前をやっているおじさんがいるよ」

と言いました。そのおじさんは、どうすれば汁をこぼさずに早く出前ができるのか、出前の合間にひたすら考えていました。「東大を出ていてどうして?」と思うかもしれませんが、情熱のかたむけ方は人それぞれ。結婚した相手がそば屋の娘さんだったことで、そば屋のおじさんになったわけですが、東大で学んで身につけたことがそば屋の出前でも生きているのです。

義務教育で補えない部分を塾や私学で補う。それでいいのでしょうか。塾や私学にはお金がかかります。近年、親の所得格差が子どもの学力の格差になっていると言われていますが、本来であれば公立の先生が、生徒を全員同じレベルに持っていかなければいけないのです。それだけの技量と能力のある人、そうしたいという志がある人が先生になるべきです。でも実際はそうではないのが現状です。

▼文化の伝統や継承に赤信号

全国各地の盲学校などの特別支援の現場をよく視察に行きました。多くの

授業を見させていただきましたが、残念ながら「これは!」というものをあまり見たことはありません。

ただ、そのなかで印象に残ったことがありました。沖縄の特別支援学校での授業です。知的障害のある子どもたちのクラスで「自分たちの文化を大切にしよう」というテーマのもと、沖縄伝統芸能のエイサーを教えていました。

こうした授業はともすれば「踊っただけ」のイベントになってしまいます。それでは意味がありません。その背景をしっかり教えてこそ継承になります。この時は伝統文化の色濃く残る土地だからこその力強さを、授業からも感じました。

「ああ、こういう伝統の継承は意味があるな」

と思ったのです。

いまの学校では、行事や体験学習がイベント化していると感じます。一発ドーンとやって、子どもたちもワーッとなって終わり。教える側も「成り立ちとは」までを真剣に考えていないのです。

そういう私も特別支援学級の体育祭で「よさこいソーラン」の踊りをやらされたことがあります。やりたくなかったのです。だってあのイベントは最近生まれたもので、文化とか伝承の分野には入らないですから。でもみんなで踊りをがんばっていると、いかにも「指導をしている!」という気になる。いまの教育現場では、そういう錯覚に陥ってしまう先生が多いと思うのです。

よさこいソーランを最初に「やろう」と言った人が「なぜ学校の授業で、行事で、これをやるのか」という思いをきちんと持って、それを正しく伝えていくならば意味があると思うのです。でも、いまはそれがない。運動会や体育祭だから「これをやる」と先生が言う。生徒たちは「これをやればいいんだな」で、それをやっただけで終わってしまう。

「とにかく、やればいい」だけでやったことは、子どもたちにとって「やらされた」記憶としてしか残りません。「振り付けをがんばって憶えた」という思い出は残るでしょう。でもそれだけです。一生懸命に描いた絵も、着た衣装も、行事が終わったらぽいっと放り出してしまう。

「何のために、これをやるのか」「何の意味があるのか」。そういうものが、教育から抜けているのです。

ただ「伝統を大切にしましょう」「ものを大切にしなさい」と言っても無理です。なぜそれを大切にしないといけないのか、子どもたちには分からないままですから。

▼学校教育と家庭教育

給食にしてもそうです。いまの子どもたちに「残さずに食べなさい」って言っても「どうしてお腹いっぱいなのに、残しちゃいけないの？」と言われます。そう言われた時に先生はどう説明しますか？

「お米一粒一粒は、お百姓さんの血と汗と涙なんですよ」

と言っても、それを本当に先生自身が実感しているのでしょうか。

「お魚や豚さんの命をいただいているんだよ」と教えながら、先生はそれを本当に感じているのでしょうか。

「一粒を大切にしなくても、別にいいじゃん。食べるものはいっぱいあるんだもん」

と子どもに言われた時に、先生はどう答えを出すように導くのでしょう。

飽食の世の中で「命」や「感謝」など「目に見えないもの」を教え、伝えることができていない先生がとても多いと思います。「そんなの習っていないからできません」と平気で言う先生もいました。そりゃあ学校では習っていないでしょう。そうしたことは学校教育ではなく、家庭教育で学ぶものでもあるのですから。

盲学校の教員だったころ、給食の時間にある先生が握り箸で、犬食いで給食を食べていてびっくり仰天したことがあります。教える側の先生が、握り箸ですよ。給食指導というのは授業の一環です。学校の先生の帰宅時間はほかの会社と比べるとちょっと早いかもしれませんが、それは休み時間がないからなのです。給食の時間もすべて、指導をしなければいけないのです。そ

れがこれです。それなのに握り箸で食べているのですから。注意したら

「おいしく食べられれば、いいじゃないですか」

と言うのです。

なかには「その先生と食べるのが嫌だ。食べ方が汚くて、一緒に食べていると悲しくなるから嫌だ」と言う生徒もいました。

それでも、その先生はいくら注意しても直そうとしませんでした。

特別な支援が必要な子どもたちは感覚器官、聴覚や視覚、嗅覚が敏感なことが多いものです。だからこそ、食べ方や身だしなみ、振る舞い、そうした基本をきちんと教えていくことが大切だと思います。

人にどう思われるかを気にしないことと、なんでも自由にやっていいこととは違います。それはマナーとは別のことなのだ、ということを教えないといけません。しかし、いまの教育にはその部分が抜け落ちています。何度でも言いますがマニュアル通り「言われたことをやっているから、いいだろう」と考えて、そのままやり過ごしている先生が多いのです。

▼すぐ行く、すぐ聞く、すぐ話す

いっぽうで親の意識も問題です。繰り返しになりますが、特に障害児の親たちは、保護され、養護されることに慣れてしまっています。残念なことに親切にしてもらって当たり前、してくれない人は「障害に理解のない人だ」という捉え方をしている人が多いのです。最終的には理解してもらえましたが、「それは違うでしょう!」と私は何人もの保護者とぶつかりました。

ぶつかりはしましたが、とにかく話を聞いたのです。保護者と信頼関係をつくるには、とにかく話を聞いて、きちんと接することしかありません。

保護者も不安を抱えているのです。「だんだん目が見えなくなっていく子どもにそのことを伝えられない。この先どうなるか、自分が不安でたまらない」という保護者もいました。子どもの障害になかなか向き合えない保護者もたくさんいます。

ある子を担任していた時、保護者から日曜日に「うちの子がデパートで暴

れてしまっているので、来てくれませんか」という電話がかかってきたことがありました。夜中に電話がかかってきたこともあります。もちろん大変ですが、私は教師として、ヘルプがあったら「すぐ行く、すぐ聞く、すぐ話す」を身上としていました。いまはお休みだからでは教員はできない。いつでも大丈夫という安心感が親との信頼関係をつくるのです。

最近は個人情報だからと、自宅の電話番号を教えない先生も多いようです。確かに保護者から四六時中電話がかかってきて、参ってしまう先生もいると思います。でも実際そういう人がすべてではないでしょう。以前、若い先生に、

「ラーメン屋で注文して『ちょっと待ってください』と、1時間後にラーメンが出てきたら、どうする?」

と言ったことがあります。

「親の発するヘルプは、それと一緒だと思うよ」

と。そういう姿勢でないと、教員はできないと私は思います。それが生徒を預かる教員の責任です。そして自分がそういう先生に出会ったら、子ども

たちもどこかでほかの人にその経験を返していけるのではと思うのです。

▼「ゆとり教育」の弊害

文部科学省によると学習指導要領に「ゆとり」という言葉が出てきたのは1977年の学校教育法施行規則改正時でした。この時の改訂は「ゆとり充実」というキャッチフレーズで話題になりました。大幅な授業時間の削減が行われ、まさにここから「ゆとり」の歴史が始まったのです。学校5日制が導入されたのが1992年。2002年には完全学校週5日制となりました。以降、2010年まで実施されたゆとり教育を受けた人たちは、「ゆとり世代」などと揶揄《やゆ》されました。

その特徴としてよく挙げられるのが「叱られることに慣れていない」「指示待ちで自分から積極的に動かない」などということです。よく言えばのんびり、心優しく、マイペースなのかもしれません。でも考えてみてください。叱ら

れたことのない子どもは、大人になっても叱り方が分かりません。自分で考えて行動したことがなければ、指示を待つのも当然でしょう。そんな世代の若者が先生となって生徒を指導しているのです。

▼「生活科」導入が変えてしまったもの

本来、若い先生を指導しなければならない年上の先生たちが、若い先生たちに遠慮をし過ぎています。一つには「嫌われたくない」というのがあるでしょう。現場には若い先生が増えてきていますし、数でも力でも負けてしまう。彼らのほうがエネルギーもある。だから「言っても無駄だよな」とあきらめてしまう。「若い先生たちと、どうやったらうまくやっていけるか」と迎合している先生が多いんです。そういう人は親御さんにも迎合する。教員同士にも迎合するし、管理職にも迎合するのです。

どうしてこうなってしまったのでしょう。

私が一番初めに疑問を感じたのは、小学校低学年の授業に生活科が入ってきた時です。デジタル大辞泉によると「小学校の教科の一つ。身近な社会や自然とのかかわりから生活を考え、生活に必要な習慣・技能を身につけるための教科」とあります。

私はその時「あ、担任の力がなくなったから、国が考えて『生活科』を作ったんだな」と感じました。

生活科が「教える」としていることは本来、日々の学校活動のなかで担任が教えていたものです。例えば「起立」「礼」をする時の礼の仕方。先生や学校外の人とすれ違った時の挨拶の仕方。目上の人に対する言葉の使い方。給食の時の食べ方のマナー。それはいままで学級担任が、子どもたちに生活のなかで伝えてきたものです。

でも、いまそれができない先生が多い。そういう先生を自分たちでつくり上げてきたのに、国はそれをごまかすために、生活科を作ったのでしょう。生活科にはそれを教える専門の先生がいる学校があります。すると生活科の時間以外の子どもたちへの指導は、どうなるのでしょう。給食の時間に食べ方を注意することも「自分の範疇《はんちゅう》じゃない」となってしまうのです。

▼教育は社会の鏡

教育は社会を映す鏡です。

「生活科」が生んだ問題も、その時には何か支障が出るわけではない。しかし何年か経った時に、弊害がたくさん出てくるのです。

私は社会を振り子だと考えています。振り子は左右に大きく振れる。私は教師生活のなかで、必ずそれを真ん中に戻そうとする努力をしてきました。

教員組合が強かった時代には「もうちょっと行政と話そうよ」と言ってがんばった。行政が横柄な態度を取ってきた時には「組合、がんばれ」と応戦した。別に私が常に真ん中で、正しいと言っているわけじゃありません。社会のバランスは、みんなでそうやって取るものだと思うのです。でもいま振り子の真ん中が見えなくなっている人が、多いのではないでしょうか。何事も、右と左に極端に意見が分かれて、大きく揺れっぱなし。そんな気がするのです。「生活科を小学校に導入する」という時に、「文部省（当時）、何やっているんだ！」と思いました。

「上がやることは、そうじゃないでしょう。『生活科』がないと教えられない教員たちをどう教育するか、でしょう」

とも思いました。でも問題はこうやって全部すり替えられていくんです。

そしていまの教育現場ではいくらでも「スペア」が利きます。誰かがうまくいかなくても、スペアがあるからいい。でもスペアは元のインクと色も濃さも違う。教育への志や「生徒をどう育てたいのか」という本来のインクを持っている先生たちが、どんなに「それはスペアだ。ここに本来のインクがある！」と叫んでも、あまりに世の中にスペアが多くなっていて、元のインクの色がもう分からない。濃さも薄まってしまっているんです。それが、いまの教育現場の現状です。だから私はいまの義務教育制度を見直さないとダメだと思っ

ているのです。

▼過保護社会がもたらすもの

いまの世の中は「過保護社会」です。そして先生たち自身に、「先生という仕事は何なのか」という軸がなくなっている。

「人に教えるということは、どういうことなのだろう」――教員にもっとも大事なことを、真摯《しんし》に捉えて、この仕事を選ぶ人が少な過ぎます。

さらに「評価社会」「データ社会」の弊害です。とにかく「データにさえしておけばいいだろう」、どこかからクレームがきても「やってます」ということになるだろう。社会全体がそう動いてしまっている。

例えば、いじめが発覚した時に、学校が子どもたちに向けて行うアンケートがありますよね。「いじめられているところを見たことがありますか」『いじめられているんだ』という相談をされたことがありますか」といった内容のものです。

その結果を教育委員会も重視するし、マスコミも大きく報道する。でもみなさんの多くは、実際のアンケートを見たことがないと思うのです。

こうしたアンケートの質問って、ものすごく曖昧《あいまい》なんです。そしてあきらかに「誘導尋問」が多い。学校の都合や先生の考えで「答えをこっちへ導きたい」というのが見え見えで、でも純真な子どもたちはそのアンケートに操られてしまう。こういうことが、学校現場には結構あるのです。

学校側としてはアンケートの答えに合わせて、状況を改善するなり、徹底するなりの指導をしていけば、どこからもクレームはこない。もしクレームがきても「私たちはやっています」と言える。

なんのためにこのアンケートを取っているのか。いじめの状況をしっかり把握し、究明するためじゃないのか。いじめを根絶するためじゃないのか。そうした意図が失われてしまっています。

「やっておけばいいだろう」「文句は言われないだろう」。そういう空気のな

かでいくらアンケートだの研修だのをやっても、いじめの問題をはじめ、学校が抱える問題は何も変わっていかないのです。

いま私は行政に対して、もっとも「まずいな」と感じているのは、問題に対して「対処したんだから、いいだろう」だけで「その原因となった根本の問題はなんなのか」をまったく解明しようとしない。そんななかでいくら「教員のスキルを上げるために」と研修をやったとしても、教員は育ちません。

研修に行くと、その間は学校での仕事ができなくなります。例えば初任の先生、経験が3年、5年ほどの先生たちが「初任者研修だ」「3年目研修だ」と、出ていってしまう。当然、現場がお留守になってしまいます。

学校の生の現場から学ぶことに優《まさ》るものはありません。しかし、それよりも研修に行ったほうが、管理職にも評価されるという現実。研修に「行った」という事実だけが、評価の対象になってしまうのです。これでは鉄道のスタンプラリーで「スタンプを集めましょう」と言われて、一生懸命にやっているのと同じです。やっていることに満足して、「じゃあ、研修で何を学んだの」

というと、その学びが自分のものにまったくなっていないのです。

▼学校教育に関わる人たちへ

まず行政に対しては「管理職をきちんと選んでほしい」と言いたいのです。いまは管理職になりたがる人がいないので、上の顔色ばかりうかがって、なんでも「はいはい」と聞いている「ヒラメちゃん（魚類のヒラメの目の位置は上にあることから上ばかり見ている人を指す愛称）」が簡単に管理職になってしまう。それではダメです。教育にポリシーのある人間をきちんと評価するようにしなければいけない。

そして本当に教育に対して熱意のある先生たちを「隅に追いやるな」と言いたいのです。いま熱意を持って何かを発言する人は「うるさい」と煙たがられ、みんな隅に追いやられています。自分たちの思い通りにならないから「うるさい」のです。そうして「干してしまえばいい」と追いやる。だから熱意

があって、本気で「変えなきゃ」と思っている先生たちは、やる気をなくして辞めていきます。

いまも私は「もう疲れた、辞めたい」という熱意のある先生を、何人か必死に引き留めています。心障学級にいるH先生は、とても熱意のあるいい先生ですが、学校にいじめられていて、ストレスで体のあちこちを壊している。

「深く考えないで、とにかく毎日学校に行きなさい」

と言っているのですが、気の毒です。

知的障害の学校に勤めているJ先生は、

「校長先生も主幹も本当にいい加減で、もうやっていけない」

とこぼしていました。主幹なんて授業中に腕を組んで、見ているだけなのに、終わったとたんに「ここはこうすればいいんじゃないか」と口を出してくる。

「じゃあ、まず先生がやってみせてくださいよ」

「自分はそういう立場じゃないから、やらない」

「口だけで、できないから、やらないんでしょう!?」

と大げんかをしたそうです。J先生は、

「もう一生懸命にやらないって決めました」

と言っていました。でもいまはまた「一生懸命にやらないことに疲れている」そうです。どっちにしてもストレスが溜《た》まるのです。

いまの学校では先生が真に、子どもたちのためにやったことがきちんと評価されない仕組みになってしまっています。評価する側の管理職が、自分が文科省や教育委員会から、どうやったら評価を得られるかしか考えていないからです。上の利益のために自分が使われていると思うと癪《しゃく》に障《さわ》って「もうやりたくない」と言った先生もいました。「あなたがそういう世界で生きているのは分かりました。私はこちらの世界にいますから、踏み入らないでください。その代わり、私も何も言いませんから」――これが現状です。見た目は何事も起こらず平和です。でも、中は壊れているんです。社会全体も同じではないでしょうか。

▼指導書やマニュアルに頼るな！

教育とは何なのでしょう。ぱっと見は平和でも、分断された学校や社会。そんな状況のなかで育った子どもたちは、自分の居場所に安定感を持てず、満たされることがありません。

ネットで繋がっているだけの相手を仲間だと思う。イベントの時にだけみんなでワッと盛り上がる。ハロウィンの夜やサッカーの試合のあと、渋谷で大騒ぎをして盛り上がっている若者たちを見ていると思うのです。彼らは一体感を求めて、感情を吐き出す場を求めている。あの場所に行けば「仲間」がいる。でもそれは見ず知らずの人と、一晩だけ起こる〝イベント〟なのです。

さらにいまの子どもたちは、人と違うことはしたくない「脱・個性」になっています。ハロウィンでそれぞれが凝った衣装を着ていても、結局やっていることは同じ。

かつて人と同じことだけをしているのは無粋で、「無粋な生き方はしたくない」と思って生きる時代がありました。自分と違う視点から刺激を受け合いながら育っていったのです。

いまの「死にかけている教育」のなかで育ってきた子どもたちが、いまあのような社会現象を起こしている。そう考えると、本当に教育は社会の鏡だと思うのです。

私は初任の先生や、新任の先生によく言いました。

「指導書とかマニュアル本なんていうものは、ほんの一例でしかない。何千、何億といる子どもたちのなかで、このマニュアルがあてはまるケースなんて、あっても一つか二つしかないんですよ」と。

指導書やマニュアルはそれを読んで、そこから先をどうするかを考えるための本なのです。「本の通りにやることが、良い教員じゃないのですよ」と、散々言ってきたんですが、なかなか分かってもらえない。マニュアル通りにやらずに、それを利用するなんて発想がない。中学、高校、大学、大学院と、すべて「マニュアルにのっとって」やってきたからでしょう。そこから何かを探るとか、自分で創意工夫をすることができない。本や文字になっていることが一番正しいのではなく、それが正しいか否かを探っていくことが必要なのです。

教えて！原田先生 7

Q

モンスターペアレントが増えていると社会問題になっています。その対応策はありますか。

A

クレーマーとモンスターペアレントの違いってご存じでしょうか。モンスターペアレントは、人格的な問題を指しますが、クレーマーは学校や教師がつくったのですよ。

親たちをクレーマーにするのは、その質問の本質に気づかない、対処する方法を分かっていない先生たち。

クレーマーと呼ばれている親たちの多くは当たり前のことを質問したり言ったりしていると私は思っています。クレーマーと呼ばれている親御さんは、言われたことに対する対症療法しかしない教員だってことを見抜いちゃう。そうなると、だったら次も言ってみようかという筋書きになるわけです。親のほうが一枚も二枚も教員より上手なんです。

クレーマーと言われているお母さんたちと話すと、そのお母さんたちのほうが絶対に正しいのです。「なんでそれで引き下がっちゃったの？ そこまで言っちゃったら最後まで言っちゃおうよ」ということがある。でも「最後まで言うとあの先生泣いちゃうんだ」とお母さんは言うのです。

お母さんたち、ある意味かわいそう。若い先生たちは分からないからマニュアルに頼るでしょう。ルーティンワークしかやらない。その先のことというのは教わってないし、経験していませんになっちゃう。だから保護者とうまくいくわけもないし、保護者が何を求めているかも分からない。対応の悪さでこじらせていることがものすごく多いんです。クレーマーと言われるのではと危惧する親もいるけど、まずは言わないと何も変わっていかない。どんどんと言ってしまえばいいのです。

あるとき、1年生が遠足に行くときのことです。バスの中で点呼するとどうしても一人多い。調べてみると、なぜか3年生が乗っていたことがありました。もちろん降ろされたわけですが、その後、その3年生の親が校長室に来て「なんで義務教育なのに行きたいという生徒を連れて行かないんだ」と怒鳴り込んで来ました。人格が崩れているでしょう。これはモンスターペアレントだなと思うのです。

最終章

お父さん、お母さんへ

▶親って辛いものなのです

▶好奇心を伸ばす簡単な方法

▶「褒めて伸ばす」でいいのかな？

▶「叱り方」の処方箋

▶子ども時代のアンテナの伸ばし方

▶それでもいい学校に入れたいですか？

▼親って辛いものなのです

「いい子」に育ってほしいと願うのは、親として当然の気持ちかもしれません。では育てているほうの親は、果たして「いい親」なのでしょうか。

私が思ういい親とは、子どもをそのまま受け入れ、どこがいいのか、どこが悪いのかを見つめながら育てられる親です。子どもが自分の思い通りにならないと怒ったり、無視する親って結構いるもの。それは、子どもをペット化しています。

自分たちが生み育てる我が子。その両親の良いところ悪いところがＤＮＡとして受け継がれていると理解すれば、自分たちのようになってほしい部分と、なってほしくない部分があることが分かりますよね。

子どもを育てると同時に、自分たちも育っていけるような親ならば、よい親だと言えるでしょう。教師１年目の先生がすべての面で生徒のいい先生でいられるかというのと同じように、子どもを産んで親になったからといって、

誰しもすぐに「いい親」になれるわけではないのです。
子どもと向き合うということは、ともすると、自分を見つめなおさないといけないから、親って本当に辛いのです。

▼好奇心を伸ばす簡単な方法

親に言われたことをやって褒められて「いい子」でいると、ゆとり世代の特徴でもある「指示待ち」人間になってしまいます。そんな大人にしないためにも、何をしたらいいのか？

簡単なのは、人のなかに放り出すことです。かわいいかわいい、遠くに行ったら目が届かなくて心配なんて、過保護はもってのほか。昔から、かわいい子には旅をさせよと言いますよね。好奇心を同年代だけでなく多様な年代の人のなかに放り出すことが大切なのです。

また、親が安全や清潔過ぎる環境を整え過ぎないこと。いろいろな人から叱られたり褒められたりすること。アナログで人の顔、人の声、人の息遣いを感じるなかで生活することで、驚くほど好奇心が伸びていきます。

「あのおじさん変だよね」

「あのおばさんやばくない？」

なんでもいいのです。「あれっ」と思わせる環境に置くことで好奇心という脳の活性化が起こります。これは高齢者の脳トレとも共通だと思います。「感情が動く」これが大切なのです。好奇心のなくなった人間って、そのことに満足してしまうので伸びません。

▼「褒めて伸ばす」でいいのかな？

巷では「褒めて伸ばす」って流行《はや》っていますよね。褒められるということは、自分にできないこと、超えられない壁があることを自覚し、努力してそれを超えた時こそ価値があるもの。でもいまの子どもたちは自分にできないこと

も分からないのに、褒められていませんか。「褒めなくてもいいところを褒めて、何になるのか？」と不思議に思います。

褒めて伸ばすということは難しいと思います。褒められる側も褒められるべきところでないところで褒められていると、自分はできる人間だと勘違いします。褒められないとやる気が失せる子になってしまいます。

これでは自分からの意思で学んだり、働いたりすることができなくなっていく、条件反射のパブロフの犬でしかなくなります。そこには向上という心は育ちません。

つまり、メリハリが必要だということ。褒めるということと、アドバイスすることは違うのです。

褒める側は、そんなことで褒めなくてもいいことで褒めている場合が多いのです。褒める側が「何を褒めているのか」ということを分かっているかどうか。つまり、その人の能力をどのくらい理解しているかどうかということでもあります。

例えば、お茶汲みができなかった子が、お茶汲みができるようになったなら褒めてもいいけども、お茶汲みはできているけれども他のことができていないのにお茶汲みを褒めたら、それは伸ばすことにならないのです。

褒めるだけって楽なんです。「あら、できたのね」「やってくれてありがとう」ですむ。見てなくても言えること。自分も嫌な気持ちにならないし、いい人でいられる。褒めているほうはそこで自己満足できる。でもそれだと、お互いが育たないのです。褒めるべきところを、きちっと褒めましょう！

▼「叱り方」の処方箋

自分が叱られたことがないと、叱った後の対処の仕方が分からない。そうなると叱ることを怖がってしまうということがあります。

いっぽうで、褒め方が分かる人というのは、叱り方も上手なものです。きちっとした褒め方ができない人は、叱り方も感情的になります。自分の子どもでも、

他人でも、叱れないということはどういうことかというと、叱り方が分からないのではなく、叱りたくないということが先にきているのかなと思うのです。

叱るというのはものすごくエネルギーがいることだし、叱られる側も嫌だけど、叱るほうって、もっともっと嫌なんです。「どっちみち嫌われちゃうよな」って思ったり、「でも言わなきゃ」というのがある。ですから、叱り方にもいい叱り方と悪い叱り方があるのです。「上手に叱ろう」じゃなくて、「何がダメなんだ」ってことがきちっと分かって叱れるかどうかがポイントです。

かつて、公立中学校の通常クラスの担任をしていた時に、生徒のお母さんから、「先生、うちの子どう叱っていいのか分からない。先生が叱ってくれますか」と言われたことがあります。だから、私は言いました。

「嫌です。家のことは家で叱って～（笑）」

「どう叱っていいか分からない」というのは、やっぱり叱った後の嫌な気持ちがあるから叱れなくなっちゃうんだという気がします。

叱るという時は、つい感情的になる親が大半かもしれません。でも、それはいいことだと思うのです。理屈で叱っていくと、屁理屈ばかりを言う子になってしまいます。

ついカーッとなって「何やっているの!」と言ってしまったとしても、冷静になった時に「なぜ怒ったのか」ということを伝えればいいのです。頭にくるとか、むかつくというのは感情が動いたしるし。理屈では頭にこないでしょう。冷静になった時に、それを伝えることができているかが肝心なのです。かーっとなるのは仕方ないのです。だって、人間だもの。

▼子ども時代のアンテナの伸ばし方

こんないまの教育のために、親御さんたちもどれだけ無用な教育費を使わされているのだろう、と腹立たしく思います。

私の家の近所に、企業の中間管理職の旦那さんと、いいところのお嬢さん

という奥さんのご夫婦がいます。子ども二人を私学に通わせているのですが、奥さんに「経済的にすごく苦しい」と打ち明けられました。「私はお金に苦労することはない人生を送れるだろうと思っていた。だけど教育費がかかり過ぎる」と言うのです。

公立校の先生がきちんと教育できれば、塾だって私学だっていらないのです。でも親は区立や都立の学校を信用できない。情けないことですが、教師のレベルが下がってしまっているからです。教師としての志だけじゃなく、腕もないのではどうにもならない。

だから親は小学校に上がる前から、学習塾に行かせたりしているんですよね。「それじゃあ、お金が足りなくなるのも当たり前だ」と思います。

私は、整わないところから探って、面白がりながら自分なりの答えを出したり、苦しんだりするなかでの知恵、感受性が育っていく時期に学習塾に通わせることには賛成できません。子ども本来の個性や生命力をつぶしてしまうと思います。何十年も子どもたちを見ていると、小学校から学習塾に通っている子はあまり学力が伸びないな、と感じることがあります。私の高校時代の先生も同じことを言っていました。

「小学校で塾に行った子は、案外伸びないんだよな」

子ども時代とは自分のアンテナを、伸び伸びと自由に伸ばしてよい時期です。せっかくいろいろなものが吸収できる感受性の強いこの時期に、決められた枠にのみにアンテナの方向を限定する必要はない。

そのアンテナがいつ、何を受信するのか。それをちゃんと自分のものにできるのか。それには個人差があるとは思います。誰かが導く必要も出てくるかもしれません。でも学習塾という決められた場所で「決められた時間にこれをやらなければいけない」というノルマを課せられると、多様な電波をキャッチできなくなってしまう。だからその後に伸びにくくなってしまうのではないかと、私は思っています。子ども時代はアンテナを伸び伸びと伸ばしておいていいのだと思います。

「教育って何だろう」と考えた時に、知識が入ることだけを良しとするので

あれば、それでいいかもしれません。これは親御さんに限らず、先生にも言えることですが、「あ、いまこの子あくびをしたな」というのを目の前で見て、「夕べ、遅かったのかな」「体調が悪いのかな」「友だちと何かあったのかな」と、その子に一声かけられるかどうかで、まったく違ったものになります。

ですから、お子さんの様子をよく見て、よく話しかけてみてください。そこからいろいろなものが見えてきますから。

▼それでもいい学校に入れたいですか？

保護者のなかには「中高一貫の私立に入れてしまえば、受験など何も考えないでいられるから楽だ」という理由で私学を選ぶ人もいます。特に兄弟が多いと、毎年誰かの受験があったりして、家族も精神的に大変だからだと思います。お金がかかっても、ストレスのないほうを選びたい、という気持ちも分かります。

私は「塾に行かなくても、その子が行ける学校を選べばいいのに」と思うのです。でも保護者は「やっぱりいい学校に行かせたい」となってしまう。子ども自身も「いい学校に行きたい」と考えている。でもいい学校を出ただけでは、世の中に出ても何も意味はないのです。一生懸命に塾に行って、お金をかけても、一般的なことが分からなくて、会社でも学校でもドロップアウトしてしまう人はたくさんいます。残念ながら、私は教育現場で高学歴でありながらドロップアウトしてしまう先生をたくさん見てきました。教育とは、血が通っているところで、初めて成り立つものです。数学を説いたり、英単語を憶えたり、作文を書いたりすることは、単なる学習でしかないのです。

江戸時代から言われていることに『つ』離れ」という言葉があります。一つから、九つまで「つ」がついていますよね。10で「つ」が離れるわけですが、親からだんだんに離れ自己が確立していく年を迎えるのがこのころなのです。子どもが9つ（9歳）までに教えておかなければならないことはたくさんあるのに、それが受験のために疎《おろそ》かにされ、子どもは勉強だけしてさえいれば、

叱られることのない環境で育つ。そういう意味でも受験は、子どもだけでなくしつけられない親を育てているのです。

子どもにやってほしいことは、まずは家の手伝い。それから自分で計画を立てて生活をすることです。親のレールに乗せるということはいつも管理されたなかで生活するということです。この時間は学童、この時間は塾、帰ってきたら宿題というような組み立てられたスケジュールのなかで生きていくのではなく、自分で考えてどうしたいということを親との話し合いで決めていく。「指示を待つだけ、言われたままのイエスマンにしないように育てる」。それが親の務めです。

教育って難題ですね。子どもと自分がきちんと向き合って、一緒に歩いていかなくてはいけない。子どもの嫌なところが、実は自分の嫌なところでもある。親になるというのはそういう覚悟を強いられるということなのでしょう。子どもが自立した時に、「子育てしてよかったな」と思えるのは、きちんと子どもと向き合って歩いた親だろうな、と思うのです。

●おわりに●

宿題というものはいつになっても頭を悩ませるものです。この本を書くにあたり、二人の先生から遺言として宿題が出されていたのです。

そのお二人の先生とは、全国特殊学校長会会長、全国盲学校長会会長などを歴任された小林一弘先生と元筑波大学附属視覚特別支援学校長の皆川春雄先生です。

東京都立葛飾盲学校時代にお二人と仕事をさせていただいたことが、「本を書く」という宿題に繋がってしまったのです。もともと、体育の教員だった私は通信簿の所見を書くのさえ四苦八苦していました。

なのに、です。皆川先生は「学級通信を出しなさい」と一言。しょうがない先輩先生に言われたからには「やってみようか」と言う軽い気持ちで書き、見ていただきました。当時、葛飾盲学校の校長だった小林先生にまで、第一号学級通信の添削をしていただきました。戻ってきたプリントは修正の赤で埋め尽くされ、「何じゃ、こりゃ!?」でしたが、書きなさいと言った皆川先生のほうがもっと「何じゃ、こりゃ!?」だったと思います。何度か書き直しながらもNO.2、NO.3と通信を出し、

盲学校・弱視学級・特別支援学級の学校通信の一部

ある時、赤が一つも入らず戻ってきました。その時に皆川先生が一言「ヤア、化けたねぇ！」でした。

小林先生は、

「初めに読んだ時は心配したんだよ。でもよく書き続けたね」

まぁ、学級通信はそこから始まり、担任を持つと嬉々《きき》として書くようになりました。書くことによって生徒の言動の捉え方や感じ方、気持ちを繋ぐ友達同士の関係、お母さん方の思いに注意が自然と向くようになってきました。皆川先生にしてやられました。まず、これが第1弾です。

さて、第2弾は葛飾盲学校を異動する

時です。異動先の学校に面接に行く前日、その時の校長（小林先生ではなく）から、

「明日の面接は行かなくていいから……」

と言われ、

「異動は取り消しということですか？　来年度、私はどこで働くのでしょうか？」

と質問しました。

「まだ、決まっていないけれど、葛飾盲でないことは確か」

と言う校長の返答でした。

タンポポの綿毛のようにフワフワと浮遊している状態でした。終業式まであと2〜3日という時に突然、

「江戸川区立松江第一中学校に面接に行くように。そこに弱視学級ができるのでそこに異動」というお達し。1997年4月より、タンポポの綿毛も根付く場所を見つけ東京都の中学校で3校目の弱視学級に異動することになりました。

降って湧いたような仰天人事で大変といえば大変だったと思うのですが、その時は分からないことばかりで、大変ということさえ分からないまま時間が過ぎていきました。松江第一中学校には草創期の4年間だけでしたが、行政相手の交渉から、

校内の先生方への理解啓発、生徒への働きかけ、教務、生活指導も進路もすべてやらなければならない状態でした。何と言ってもたった一人なのですから。でも、その経験がその後の仕事に活きているのだと感謝をしています。

「弱視学級草創期の経験は後世に残しておかなければ勿体《もったい》ない」とか、「学級通信は生きた教材。書くことに悩んでいる先生に、こんな書き方でもいいんだよと安心させてやらなければね」など、次へ繋げていくように、お二人の先生に真綿で首を絞められるごとく言われていました。

「私には無理。ただ現場でやっているだけ。教育の研究家でもないし……」

と尻込みをし続けました。

しかし、悔しいことにお二人の先生は相次いでこの世を去っていかれました。お二人が参加した仲間との最後の旅行の時に、

「伝えていくことはタイミングだよ。今やる時と思ったら本に書き残しなさい」

とお二人から言われました。後々これが最後の私へのメッセージだったのだと思いました。力量も技量も事足りていない私が思い上がって書こうと思ったのは、これが人生最後の宿題かなと思ったからです。

主観の多い内容になっていると思います。きっと黄泉《よみ》の国で小林先生、皆川先生が「相変わらずだなぁ～」と赤ペンを握り、いつか行く私を手ぐすね引いて待っていると思います。

２０１６年10月

原田博子

原田博子 はらだ・ひろこ
元保健体育教諭・元特別支援教諭

1951年、東京都中央区生まれ。小学校３年の時に関節リューマチを患い、１学期の半分は温泉治療で登校できず、算数の九九を教わることなく進級。1973年、東京女子体育大学卒業と同時に東京都の教員となり、東京都江東区立第二砂町中学校、東京都中央区立第四中学校（現・日本橋中学校）を経て、東京都立葛飾盲学校中学部に赴任。以降、特別支援教育の社会に向けて何が必要かを考えるようになる。教員としてのモットーは「できないこと・できることを生徒自身が知る」「教え込む・詰め込むことではなく、考え、苦しみ、そして学びを喜びに変える」「できないことは怒らない。真面目に取り組まない時は怒る」こと。

1973年	東京都江東区立第二砂町中学校
1977年	東京都中央区立第四中学校（現　日本橋中学校）
1986年	東京都立葛飾盲学校中学部
1989年	心身障害教育開発指導資料作成委員
1991年	教育課程編成基準委員
1992年	心身障害教育研究委員
1997年	東京都江戸川区立松江第一中学校　弱視学級（新設）
2001年	東京都文京区立第九中学校　心障学級
2005年	特別支援教育コーディネーター研修員
2006年	特別支援教育コーディネーター研修員（一年ずつの更新のため継続）
2007年	東京都立葛飾特別支援学校高等部 特別支援教育コーディネーター研修員 特別支援学校教諭二種免許状（知的・肢体・病弱のみ）取得
2010年	東京理科大学　第３回 《数学・授業の達人》大賞　審査員特別賞受賞

ようこそ、マニュアルのない世界へ
特別支援教育奮闘記

定価　本体1,900円（税別）

2016年11月21日　初版第1刷発行

著　者　原田《はらだ》　博子《ひろこ》

発行人　海野　雅子

発行所　サンルクス株式会社
105-0014 東京都港区芝一丁目10番11号　コスモ金杉橋ビル
電話：03-3455-5061　FAX：03-3455-5828

発　売　サンクチュアリ出版
151-0051　東京都渋谷区千駄ヶ谷2-38-1
電話：03-5775-5192　FAX：03-5775-5193

印刷製本　株式会社シナノ

ISBN978-4-86113-283-4　C0037